清代雄安职官年表 4

魏国栋　梁松涛　编

北京燕山出版社

第四册

清代大城职官年表

职官	人名	籍贯	出身	出处及在职时间及在职时间
知县	张世臣	辽东人		《康熙大城县志》顺治元年 《光绪大城县志》
主簿	李天沐	江西人		《康熙大城县志》顺治元年 《光绪大城县志》
典史	陈　经	福建人		《康熙大城县志》顺治元年
知县	吴治汇	河南裕州人	进士	《康熙大城县志》顺治四年 《光绪大城县志》
教谕	张广业	行唐人	岁贡	《康熙大城县志》顺治四年 《光绪大城县志》
训导	阎绍美	永宁人	岁贡	《康熙大城县志》顺治四年 《光绪大城县志》
知县	王来聘	辽东籍宣府人		《康熙大城县志》顺治六年 《光绪大城县志》
教谕	魏三台	安州人	岁贡	《康熙大城县志》顺治七年 《光绪大城县志》
游击	孙弘福	辽东人	贡士	《康熙大城县志》顺治七年 《光绪大城县志》

职官	人名	籍贯	出身	出处及在职时间及在职时间
守备	闻仲科	天津卫人	行伍	《康熙大城县志》顺治七年 《光绪大城县志》
知县	马腾陞	辽东广宁人	生员	《康熙大城县志》顺治八年 《光绪大城县志》
训导	纪国典	开平卫人	岁贡	《康熙大城县志》顺治八年 《光绪大城县志》
典史	徐	浙江人		《康熙大城县志》顺治十一年
教谕	杨　玹	新安人	岁贡	《康熙大城县志》顺治十一年 《光绪大城县志》
知县	范发愚	河南河内人	进士	《康熙大城县志》顺治十二年 《光绪大城县志》
守备	王之盛	京卫人	将材	《康熙大城县志》顺治十二年 《光绪大城县志》
知县	杨四端	河南武安人	贡士	《康熙大城县志》顺治十三年 《光绪大城县志》
典史	余起祥	浙江人		《康熙大城县志》顺治十三年

职官	人名	籍贯	出身	出处及在职时间及在职时间
训导	王　瑾	饶阳人	岁贡	《康熙大城县志》顺治十三年 《光绪大城县志》
守备	董孔教	直隶梁城所人	将材	《康熙大城县志》顺治十四年 《光绪大城县志》
知县	徐　伸	浙江德清人	贡士	《康熙大城县志》顺治十五年 《光绪大城县志》
典史	乔　林	陕西富平人		《康熙大城县志》顺治十五年
教谕	王时雍	深州人	岁贡	《康熙大城县志》顺治十五年 《光绪大城县志》
训导	毛应麟	长垣人	岁贡	《康熙大城县志》顺治十七年 《光绪大城县志》
守备	焦乃善	顺天人	武进士	《康熙大城县志》顺治十七年 《光绪大城县志》
典史	古　文	陕西富平人		《康熙大城县志》顺治十七年
典史	胡志选	浙江定海人		《康熙大城县志》康熙三年

职官	人名	籍贯	出身	出处及在职时间及在职时间
教谕	王嘉言	直隶延庆卫人		《康熙大城县志》康熙四年 《光绪大城县志》
知县	李璘文	山西沁水人	进士	《康熙大城县志》康熙五年 《光绪大城县志》
知县	吴　材	福建宁洋籍龙岩人	进士	《康熙大城县志》康熙七年 《光绪大城县志》
知县	张象燦	陕西西安府咸宁人	举人	《康熙大城县志》康熙八年 《光绪大城县志》
典史	张凤起	河南彰德府安阳县人		《康熙大城县志》康熙八年
守备	陈良弼	顺天大兴人	将材	《康熙大城县志》康熙九年 《光绪大城县志》
教谕	曲　俊	故城人	举人	《光绪大城县志》康熙三十二年
训导	赫　皎	奉天人	岁贡	《光绪大城县志》康熙三十二年
教谕	崔階元	大名人		《光绪大城县志》康熙三十六年

职官	人名	籍贯	出身	出处及在职时间及在职时间
僧会司僧会	明　珠			《光绪大城县志》康熙四十一年
备注：住持四岳村存留寺。				
僧会司僧会	净　禅			《光绪大城县志》康熙四十六年
备注：住持四岳村存留寺。				
知县	王　积			《光绪大城县志》康熙四十八年
僧会司僧会	智　广			《光绪大城县志》康熙五十六年
备注：住持西子牙太公庙。				
僧会司僧会	德　儒			《光绪大城县志》康熙五十九年
备注：住持西子牙龙泉寺。				

职官	人名	籍贯	出身	出处及在职时间及在职时间
大城营守备	高得伏	陕西人	侍卫	《爵秩新本》《中枢备览》雍正四年夏
知县	谢钟龄		进士	《光绪大城县志》乾隆四年
知县	沈赤然	浙江人		《光绪大城县志》乾隆四年
僧会司僧会	性　静			《光绪大城县志》乾隆五年
备注：住持西子牙太公庙。				
知县	刘知獬	江西安福人		《缙绅新书》乾隆十三年春
管河县丞		正黄旗人	监生	《缙绅新书》乾隆十三年春
教谕	程可法	抚宁人		《缙绅新书》乾隆十三年春
复设训导	黄甲魁	庆都人	岁贡	《缙绅新书》乾隆十三年春

职官	人名	籍贯	出身	出处及在职时间及在职时间
典史	鞠　泰	山东海阳人	议叙	《缙绅新书》乾隆十三年春
知县	王建中	云南人	拔贡	《缙绅全本》乾隆二十五年冬
州同管管河县丞事县丞	王　邴	陕西人	生员	《缙绅全本》乾隆二十五年冬
教谕	张赐绶	宁津人	举人	《缙绅全本》乾隆二十五年冬
复设训导	尹宣魁	衡水人	岁贡	《缙绅全本》乾隆二十五年冬
典史	朱添壁	江西人		《缙绅全本》乾隆二十五年冬
知县	王建中	云南人	拔贡	《缙绅全本》乾隆二十六年秋
州同管管河县丞事	王　邴	陕西人	生员	《缙绅全本》乾隆二十六年秋
教谕	张赐绶	宁津人	举人	《缙绅全本》乾隆二十六年秋

职官	人名	籍贯	出身	出处及在职时间及在职时间
复设训导	尹宣魁	衡水人	岁贡	《缙绅全本》乾隆二十六年秋
典史	朱添壁	江西人		《缙绅全本》乾隆二十六年秋
知县	王建中			《光绪大城县志》乾隆二十七年
知县	张秉铎	甘肃固原人	贡生	《光绪大城县志》乾隆二十八年
僧会司僧会	性　空			《光绪大城县志》乾隆二十九年
备注：住持西子牙太公庙。				
县丞	吴贻诚	安徽桐城人	监生	《光绪大城县志》乾隆二十九年
知县加一级	狄永宜	江苏人		《缙绅全书》乾隆三十年春
县丞管巡检事加一级	吴贻诚	安徽桐城人	监生	《缙绅全书》乾隆三十年春

职官	人名	籍贯	出身	出处及在职时间及在职时间
教谕	曲　俊	故城人	举人	《缙绅全书》乾隆三十年春
复设训导	赫　皎	奉天人	岁贡	《缙绅全书》乾隆三十年春
典史	张顾霖	四川遂宁人	监生	《缙绅全书》乾隆三十年春
知县加一级	狄永宜	江苏人		《爵秩全本》乾隆三十年冬
州同管管河县丞事	吴贻诚	安徽桐城人	监生	《爵秩全本》乾隆三十年冬
教谕	曲　俊	故城人	举人	《爵秩全本》乾隆三十年冬
复设训导	赫　皎	奉天人	岁贡	《爵秩全本》乾隆三十年冬
吏目管典史事加一级	张　栋	江西南昌人		《爵秩全本》乾隆三十年冬
知县	狄永宜	江苏人		《爵秩全本》乾隆三十三年秋

职官	人名	籍贯	出身	出处及在职时间及在职时间
州同管管河县丞事	吴贻诚	安徽桐城人	监生	《爵秩全本》乾隆三十三年秋
教谕	曲　俊	故城人	举人	《爵秩全本》乾隆三十三年秋
复设训导	赫　皎	奉天人	岁贡	《爵秩全本》乾隆三十三年秋
吏目管典史事	张　栋	江西南昌人		《爵秩全本》乾隆三十三年秋
知县	张德树	安徽刊门人		《光绪大城县志》乾隆三十七年
知县加一级	乔　俊	山西安邑人	贡生	《缙绅全书》《中枢备览》乾隆四十二年秋
县丞管管河巡检事加一级	闻声榆	湖北人	副榜	《缙绅全书》《中枢备览》乾隆四十二年秋
教谕	王敬业	保安人	举人	《缙绅全书》《中枢备览》乾隆四十二年秋
复设训导	乔　铨	南宫人	廪贡	《缙绅全书》《中枢备览》乾隆四十二年秋

职官	人名	籍贯	出身	出处及在职时间及在职时间
典史	罗启荣	贵州清平人	监生	《缙绅全书》《中枢备览》乾隆四十二年秋
知县	乔　峻			《光绪大城县志》乾隆四十五年
知县	李景熙			《光绪大城县志》乾隆四十五年
知县	张　洙	山东诸城人	进士	《光绪大城县志》乾隆四十五年
知县加一级	胡振坤	浙江会稽人	议叙	《缙绅全书》《中枢备览》乾隆五十三年春
县丞管管河巡检事	杨　照	福建邵武人	监生	《缙绅全书》《中枢备览》乾隆五十三年春
教谕	杨毓灵	成安人	举人	《缙绅全书》《中枢备览》乾隆五十三年春
复设训导	乔　铨	南宫人	廪贡	《缙绅全书》《中枢备览》乾隆五十三年春
典史	陶兆麟	浙江会稽人	监生	《缙绅全书》《中枢备览》乾隆五十三年春

职官	人名	籍贯	出身	出处及在职时间及在职时间
知县加一级	韩修凤	江浙黄岩人	拔贡	《缙绅全书》嘉庆元年春
教谕	高　琏	束鹿人	举人	《缙绅全书》嘉庆元年春
县丞兼管河巡检事	夏会进	湖南人	监生	《缙绅全书》嘉庆元年春
复设训导	王民皞	抚宁人	岁贡	《缙绅全书》嘉庆元年春
典史	王元泰	江苏上元人	监生	《缙绅全书》嘉庆元年春
知县加一级	陆　芳	江苏武进人	监生	《缙绅全书》嘉庆二年冬
教谕	张祥麟	江苏吴县人	监生	《缙绅全书》嘉庆二年冬
县丞兼管河巡检事	高　琏	束鹿人	举人	《缙绅全书》嘉庆二年冬
复设训导	王民皞	抚宁人	岁贡	《缙绅全书》嘉庆二年冬

职官	人名	籍贯	出身	出处及在职时间及在职时间
典史	王元泰	江苏上元人	监生	《缙绅全书》嘉庆二年冬
知县	钱　桂	浙江仁和人	举人	《缙绅全书》嘉庆三年秋
教谕	高　琏	束鹿人	举人	《缙绅全书》嘉庆三年秋
县丞兼管河巡检事	张祥麟	江苏吴县人	监生	《缙绅全书》嘉庆三年秋
复设训导	王民嗥	抚宁人	岁贡	《缙绅全书》嘉庆三年秋
典史	王元泰	江苏上元人	监生	《缙绅全书》嘉庆三年秋
知县	钱　桂	浙江仁和人	举人	《缙绅全书》嘉庆三年冬
教谕	高　琏	束鹿人	举人	《缙绅全书》嘉庆三年冬
县丞兼管河巡检事	张祥麟	江苏吴县人	监生	《缙绅全书》嘉庆三年冬

职官	人名	籍贯	出身	出处及在职时间及在职时间
复设训导	王民嗥	抚宁人	岁贡	《缙绅全书》嘉庆三年冬
典史	王元泰	江苏上元人	监生	《缙绅全书》嘉庆三年冬
知县加一级	钱　桂	浙江仁和人	举人	《缙绅全书》嘉庆五年冬
教谕	高　琏	束鹿人	举人	《缙绅全书》嘉庆五年冬
县丞兼管河巡检事	张祥麟	江苏吴县人	监生	《缙绅全书》嘉庆五年冬
复设训导	王民嗥	抚宁人	岁贡	《缙绅全书》嘉庆五年冬
典史	王元泰	江苏上元人	监生	《缙绅全书》嘉庆五年冬
知县加一级	吴士泓	江苏元和人	监生	《缙绅全书》嘉庆九年春
教谕	王渠成	开州人	廪生	《缙绅全书》嘉庆九年春

职官	人名	籍贯	出身	出处及在职时间及在职时间
县丞兼管河巡检事	韩　曾	江苏江宁人	议叙	《缙绅全书》嘉庆九年春
复设训导	韩维墉	天津人	廪贡	《缙绅全书》嘉庆九年春
典史	王漠庭	浙江会稽人	议叙	《缙绅全书》嘉庆九年春
僧会司僧会	福　恒			《光绪大城县志》嘉庆十年
备注：住持西子牙太公庙。				
知县加一级	吴士泓	江苏元和人	监生	《缙绅全书》《中枢备览》嘉庆十一年春
教谕	王渠成	开州人	廪生	《缙绅全书》《中枢备览》嘉庆十一年春
县丞兼管河巡检事	赵森元	浙江仁和人	监生	《缙绅全书》《中枢备览》嘉庆十一年春
复设训导	张　缓	顺德人	廪生	《缙绅全书》《中枢备览》嘉庆十一年春

职官	人名	籍贯	出身	出处及在职时间及在职时间
典史	王漠庭	浙江会稽人	议叙	《缙绅全书》《中枢备览》嘉庆十一年春
知县	吴士泓	江苏元和人	监生	《缙绅全书》嘉庆十一年夏
教谕	王渠成	开州人	廪生	《缙绅全书》嘉庆十一年夏
县丞兼管河巡检事	赵森元	浙江仁和人	监生	《缙绅全书》嘉庆十一年夏
复设训导	张　缓	顺德人	廪生	《缙绅全书》嘉庆十一年夏
典史	王漠庭	浙江会稽人	议叙	《缙绅全书》嘉庆十一年夏
知县	陈钜钏	浙江山阴人	议叙	《缙绅全书》嘉庆十七年秋
教谕	王渠成	开州人	廪生	《缙绅全书》嘉庆十七年秋
县丞兼管河巡检事	孙昭诚	山东曲阜人	监生	《缙绅全书》嘉庆十七年秋

职官	人名	籍贯	出身	出处及在职时间及在职时间
复设训导	张　缓	顺德人	廪贡	《缙绅全书》嘉庆十七年秋
典史	孟　钊	山东历城人		《缙绅全书》嘉庆十七年秋
知县	孔昭诚			《光绪大城县志》嘉庆十八年
知县	汪兆霖			《光绪大城县志》嘉庆十九年
教谕	王煛成			《光绪大城县志》嘉庆十九年
县丞	沈　球			《光绪大城县志》嘉庆二十年
教谕	解　坫			《光绪大城县志》嘉庆二十年
教谕	鹿廷芳			《光绪大城县志》嘉庆二十年
训导	鹿廷芳			《光绪大城县志》嘉庆二十年

职官	人名	籍贯	出身	出处及在职时间及在职时间
知县加一级	汪兆霖	湖北黄冈人	举人	《缙绅全书》嘉庆二十一年冬
县丞官营河巡检事	沈　球	浙江嘉兴人	监生	《缙绅全书》嘉庆二十一年冬
教谕	鹿廷芳	保定人	举人	《缙绅全书》嘉庆二十一年冬
复设训导	王廷炘	河间人	廪贡	《缙绅全书》嘉庆二十一年冬
典史	赵扶九	浙江山阴人	监生	《缙绅全书》嘉庆二十一年冬
知县加一级	汪兆霖	湖北黄冈人	举人	《缙绅全书》嘉庆二十二年春
县丞官营河巡检事	沈　球	浙江嘉兴人	监生	《缙绅全书》嘉庆二十二年春
教谕	鹿廷芳	保定人	举人	《缙绅全书》嘉庆二十二年春
复设训导	王廷炘	河间人	廪贡	《缙绅全书》嘉庆二十二年春

职官	人名	籍贯	出身	出处及在职时间及在职时间
典史	赵扶九	浙江山阴人	监生	《缙绅全书》嘉庆二十二年春
知县	汪兆霖	湖北黄冈人	举人	《缙绅全书》（大） 嘉庆二十二年冬
县丞官营河巡检事	沈　球	浙江嘉兴人	监生	《缙绅全书》（大） 嘉庆二十二年冬 《缙绅全书》（小）
教谕	鹿廷芳	保定人	举人	《缙绅全书》（大） 嘉庆二十二年冬 《缙绅全书》（小）
复设训导	王廷炘	河间人	廪贡	《缙绅全书》（大） 嘉庆二十二年冬 《缙绅全书》（小）
典史	赵扶九	浙江山阴人	监生	《缙绅全书》（大） 嘉庆二十二年冬 《缙绅全书》（小）
知县加一级	汪兆霖	湖北黄冈人	举人	《缙绅全书》（小） 嘉庆二十二年冬
僧会司僧会	蕴　空			《光绪大城县志》嘉庆二十二年
备注：住持辛章关帝庙。				

职官	人名	籍贯	出身	出处及在职时间及在职时间
知县	李春华			《光绪大城县志》嘉庆二十五年
知县加一级	汪兆霖	湖北黄冈人	举人	《缙绅全书》嘉庆二十五年夏
县丞官营河巡检事	沈　球	浙江嘉兴人	监生	《缙绅全书》嘉庆二十五年夏
教谕	鹿廷芳	保定人	举人	《缙绅全书》嘉庆二十五年夏
复设训导	王廷炘	河间人	廪贡	《缙绅全书》嘉庆二十五年夏
典史	赵扶九	浙江山阴人	监生	《缙绅全书》嘉庆二十五年夏
知县	阎锦麟	山西保德人	副贡	《光绪大城县志》道光三年
知县	陈　晋			《光绪大城县志》道光三年
知县	欧声振			《光绪大城县志》道光三年

职官	人名	籍贯	出身	出处及在职时间及在职时间
县丞	张寿恭			《光绪大城县志》道光三年
知县	潘化枢			《光绪大城县志》道光四年
县丞	宋道熥			《光绪大城县志》道光四年
教谕	杨　兰			《光绪大城县志》道光四年
训导	邹　钧	广昌县人	廪贡	《光绪大城县志》道光四年
知县加一级	张廷铸	山西阳曲人	优贡	《缙绅全书》《中枢备览》道光四年夏
县丞官营河巡检事	张寿恭	江苏如皋人	监生	《缙绅全书》《中枢备览》道光四年夏
教谕	鹿廷芳	保定人	举人	《缙绅全书》《中枢备览》道光四年夏
复设训导	邹　钧	易州人	廪贡	《缙绅全书》《中枢备览》道光四年夏

职官	人名	籍贯	出身	出处及在职时间及在职时间
典史	赵扶九	浙江山阴人	监生	《缙绅全书》《中枢备览》道光四年夏
大城营守备	麻国庆钱	广西人		《缙绅全书》《中枢备览》道光四年夏
把总	高寿昌	直隶人	行伍	《缙绅全书》《中枢备览》道光四年夏
县丞官营河巡检事	张寿恭	江苏如皋人	监生	《缙绅全书》道光四年夏
教谕	鹿廷芳	保定人	举人	《缙绅全书》道光四年夏
复设训导	邹　钧	易州人	廪贡	《缙绅全书》道光四年夏
典史	赵扶九	浙江山阴人	监生	《缙绅全书》道光四年夏
知县	吴家懋	广东番禺人	进士	《爵秩全览》《光绪大城县志》道光六年秋
县丞官营河巡检事	宋道熥	安徽芜湖人	监生	《爵秩全览》道光六年秋

职官	人名	籍贯	出身	出处及在职时间及在职时间
教谕	鹿廷芳	保定人	举人	《爵秩全览》道光六年秋
复设训导	邹　钧	广昌人	廪贡	《爵秩全览》道光六年秋
典史	赵克俊	江苏武进人	监生	《爵秩全览》道光六年秋
知县	黄育楩			《光绪大城县志》道光七年
知县	刘　巘			《光绪大城县志》道光七年
知县加一级	吴家懋	广东番禺人		《缙绅全书》道光七年春
县丞兼管河巡检	宋道熥	安徽芜湖人	监生	《缙绅全书》道光七年春
教谕	鹿廷芳	保定人	举人	《缙绅全书》道光七年春
复设训导	邹　钧	广昌人	廪贡	《缙绅全书》道光七年春

职官	人名	籍贯	出身	出处及在职时间及在职时间
典史	黄克俊	江苏武进人	监生	《缙绅全书》道光七年春
训导	李元几	任县人	廪贡	《光绪大城县志》道光八年
训导	魏振科	柏乡人	岁贡	《光绪大城县志》道光八年
僧会司僧会	妙　达			《光绪大城县志》道光九年
备注：住持庄娘娘庙。				
县丞	冯文焕			《光绪大城县志》道光十年
教谕	王铭祖	深州人	贡生	《光绪大城县志》道光十年
训导	彭　沐	蠡县人	举人	《光绪大城县志》道光十年
知县加一级	刘　瓛	山东单县人	举人	《缙绅全书》道光十年冬

职官	人名	籍贯	出身	出处及在职时间及在职时间
县丞管河兼巡检	冯文焕	浙江平湖人	议叙	《缙绅全书》道光十年冬
教谕	鹿廷芳	保定府人	举人	《缙绅全书》道光十年冬
复设训导	魏振科	恒乡县人	岁贡	《缙绅全书》道光十年冬
典史	沈　钰	江苏人	监生	《缙绅全书》道光十年冬
知县	雷致亨			《光绪大城县志》道光十二年
知县加一级	何志清	湖南桃源人		《缙绅全书》《中枢备览》《光绪大城县志》道光十三年
县丞管河兼巡检	冯文焕	浙江平湖人	议教	《缙绅全书》《中枢备览》道光十三年夏
教谕	鹿廷芳	保定人	举人	《缙绅全书》《中枢备览》道光十三年夏
复设训导	彭　沐	保定人	举人	《缙绅全书》《中枢备览》道光十三年夏

职官	人名	籍贯	出身	出处及在职时间及在职时间
典史	沈　钰	江苏吴江人	监生	《缙绅全书》《中枢备览》道光十三年夏
知县加一级	何志清	湖南桃源人		《缙绅全书》道光十四年春
县丞管河兼巡检	冯文焕	浙江平湖人	议教	《缙绅全书》道光十四年春
教谕	鹿廷芳	保定府人	举人	《缙绅全书》道光十四年春
复设训导	彭　沐	保定府人	举人	《缙绅全书》道光十四年春
典史	沈　钰	江苏吴江人	监生	《缙绅全书》道光十四年春
知县加一级	何志清	湖南桃源人		《缙绅全书》道光十四年夏
县丞管河兼巡检	冯文焕	浙江平湖人	议教	《缙绅全书》道光十四年夏
教谕	鹿廷芳	保定府人	举人	《缙绅全书》道光十四年夏

职官	人名	籍贯	出身	出处及在职时间及在职时间
复设训导	彭　沐	保定府人	举人	《缙绅全书》道光十四年夏
典史	沈　钰	江苏吴江人	监生	《缙绅全书》道光十四年夏
知县加一级	何志清	湖南桃源人		《缙绅全书》《中枢备览》道光十六年夏
县丞管河兼巡检	宋道熥	安徽芜湖人	监生	《缙绅全书》《中枢备览》道光十六年夏
教谕	鹿廷芳	保定府人	举人	《缙绅全书》《中枢备览》道光十六年夏
复设训导	彭　沐	保定府人	举人	《缙绅全书》《中枢备览》道光十六年夏
典史	沈　钰	江苏吴江人	监生	《缙绅全书》《中枢备览》道光十六年夏
知县加一级	何志清	湖南桃源人		《缙绅全书》道光十六年秋
教谕	鹿廷芳	保定人	举人	《缙绅全书》道光十六年秋

职官	人名	籍贯	出身	出处及在职时间及在职时间
县丞兼管河巡检事	宋道熥	安徽芜湖人	监生	《缙绅全书》道光十六年秋
复设训导	彭　沭	保定人	举人	《缙绅全书》道光十六年秋
典史	沈　钰	江苏吴江人	监生	《缙绅全书》道光十六年秋
知县加一级	何志清	湖南桃源人		《缙绅全书》《中枢备览》道光十六年冬
教谕	鹿廷芳	保定人	举人	《缙绅全书》《中枢备览》道光十六年冬
县丞兼管河巡检事	宋道熥	安徽芜湖人	监生	《缙绅全书》《中枢备览》道光十六年冬
复设训导	彭　沭	保定人	举人	《缙绅全书》《中枢备览》道光十六年冬
典史	沈　钰	江苏吴江人	监生	《缙绅全书》《中枢备览》道光十六年冬
知县	韩象鼎			《光绪大城县志》道光十七年

职官	人名	籍贯	出身	出处及在职时间及在职时间
知县	冀　洪			《光绪大城县志》道光十七年
僧会司僧会	行　泰			《光绪大城县志》道光十七年
备注：住持王口禅林寺。				
知县加一级	冀　洪	湖北房县人	拔贡	《缙绅全书》道光十七年秋
教谕	鹿廷芳	保定人	举人	《缙绅全书》道光十七年秋
县丞兼管河巡检事	宋道熥	安徽芜湖人	监生	《缙绅全书》道光十七年秋
复设训导	彭　沭	保定人	举人	《缙绅全书》道光十七年秋
典史	沈　钰	江苏吴江人	监生	《缙绅全书》道光十七年秋
训导	于之翕	东光人	廪贡	《光绪大城县志》道光十八年

职官	人名	籍贯	出身	出处及在职时间及在职时间
知县加一级	冀　洪	湖北房县人	拔贡	《缙绅全书》道光十八年夏
教谕	鹿廷芳	保定人	举人	《缙绅全书》道光十八年夏
县丞兼管河巡检事	宋道熥	安徽芜湖人	监生	《缙绅全书》道光十八年夏
复设训导	彭　沭	保定人	举人	《缙绅全书》道光十八年夏
典史	沈　钰	江苏吴江人	监生	《缙绅全书》道光十八年夏
知县	丁希陶			《光绪大城县志》道光十九年
知县	陈炳常			《光绪大城县志》道光十九年
教谕	王文炳	河间人	举人	《光绪大城县志》道光十九年
教谕	刘振声	庆云人	举人	《光绪大城县志》道光十九年

职官	人名	籍贯	出身	出处及在职时间及在职时间
训导	陈允治	青县人	廪贡	《光绪大城县志》道光十九年
知县	冀　洪	湖北房县人	拔贡	《缙绅全书》《爵秩全览》道光十九年夏
教谕	鹿廷芳	保定人	举人	《缙绅全书》《爵秩全览》道光十九年夏
管河县丞兼巡检事	宋道熥	安徽芜湖人	监生	《缙绅全书》《爵秩全览》道光十九年夏
复设训导	赵象韩	天津府人	拔贡	《缙绅全书》《爵秩全览》道光十九年夏
典史	沈　钰	江苏吴江人	监生	《缙绅全书》《爵秩全览》道光十九年夏
知县加一级	陈炳常	浙江归安人		《缙绅全书》道光二十年秋
教谕	刘振声	天津人	举人	《缙绅全书》道光二十年秋
管河县丞兼巡检事	宋道熥	安徽芜湖人	监生	《缙绅全书》道光二十年秋

职官	人名	籍贯	出身	出处及在职时间及在职时间
复设训导	陈允治	天津人	举人	《缙绅全书》道光二十年秋
典史	沈　钰	江苏吴江人	监生	《缙绅全书》道光二十年秋
知县加一级	陈炳常	浙江归安人		《缙绅全书》道光二十年冬
教谕	刘振声	天津人	举人	《缙绅全书》道光二十年冬
县丞管河兼巡检事	粟辉楚	湖南长沙人	监生	《缙绅全书》道光二十年冬
复设训导	陈允治	天津人	举人	《缙绅全书》道光二十年冬
典史	沈　钰	江苏吴江人	监生	《缙绅全书》道光二十年冬
知县	许本铨			《光绪大城县志》道光二十一年
知县	凌志召			《光绪大城县志》道光二十一年

职官	人名	籍贯	出身	出处及在职时间及在职时间
县丞	章　溥			《光绪大城县志》道光二十一年
知县	倪承弼			《光绪大城县志》道光二十二年
知县	邹道林			《光绪大城县志》道光二十二年
训导	张鹏程	阜平人	廪贡	《光绪大城县志》道光二十二年
训导	潘文会	南皮人	举人	《光绪大城县志》道光二十二年
知县加一级	凌志召	安徽人	举人	《缙绅全书》《中枢备览》道光二十二年春
县丞管河兼巡检事	章　溥	浙江会稽人	议叙	《缙绅全书》《中枢备览》道光二十二年春
教谕	刘振生	天津人	举人	《缙绅全书》《中枢备览》道光二十二年春
复设训导	陈允治	天津人	举人	《缙绅全书》《中枢备览》道光二十二年春

职官	人名	籍贯	出身	出处及在职时间及在职时间
典史	沈　钰	江苏人	监生	《缙绅全书》《中枢备览》道光二十二年春
知县加一级	邹道霖	江苏人	廪贡	《缙绅全书》道光二十二年冬
县丞管河兼巡检事	章溥	浙江会稽人	议叙	《缙绅全书》道光二十二年冬
教谕	刘振生	天津人	举人	《缙绅全书》道光二十二年冬
复设训导	潘文曾	天津人	举人	《缙绅全书》道光二十二年冬
典史	沈钰	江苏人	监生	《缙绅全书》道光二十二年冬
知县	李太仪			《光绪大城县志》道光二十三年
知县	乔邦哲			《光绪大城县志》道光二十三年
知县	姚培基			《光绪大城县志》道光二十三年

职官	人名	籍贯	出身	出处及在职时间及在职时间
教谕	刘有寿	南皮人	举人	《光绪大城县志》道光二十三年
教谕	李载庚	怀安人	举人	《光绪大城县志》道光二十三年
知县	俞元霈			《光绪大城县志》道光二十四年
知县	魏尊德			《光绪大城县志》道光二十四年
知县	吴中顺			《光绪大城县志》道光二十四年
知县加一级	吴中顺	江苏人	举人	《缙绅全书》道光二十五年夏
县丞管河兼巡检事	章　溥	浙江会稽人	议叙	《缙绅全书》道光二十五年夏
教谕	李　煌	宣化府人	举人	《缙绅全书》道光二十五年夏
复设训导	潘文曾	天津人	举人	《缙绅全书》道光二十五年夏

职官	人名	籍贯	出身	出处及在职时间及在职时间
典史	师长乐	陕西人	监生	《缙绅全书》道光二十五年夏
知县加一级	吴中顺	江苏人	举人	《缙绅全书》道光二十五年秋
县丞管河兼巡检事	章　溥	浙江会稽人	议叙	《缙绅全书》道光二十五年秋
教谕	李　煌	宣化府人	举人	《缙绅全书》道光二十五年秋
复设训导	潘文曾	天津人	举人	《缙绅全书》道光二十五年秋
典史	师长乐	陕西人	监生	《缙绅全书》道光二十五年秋
县丞	沈士樾			《光绪大城县志》道光二十六年
知县	吴中顺	江苏人	举人	《爵秩全览》道光二十六年
教谕	李　煌	宣化府人	举人	《爵秩全览》道光二十六年

职官	人名	籍贯	出身	出处及在职时间及在职时间
复设训导	潘文曾	天津人	举人	《爵秩全览》道光二十六年
典史	师长乐	陕西人	监生	《爵秩全览》道光二十六年
训导	高树雨	东光人	举人	《光绪大城县志》道光二十六年
县丞	钟　沅			《光绪大城县志》道光二十七年
教谕	张文田	保定府安州人	岁贡	《光绪大城县志》道光二十七年
知县加一级	吴中顺	江苏人	举人	《缙绅全书》道光二十七年夏
县丞管河兼巡检事	钟　沅	浙江萧山人	监生	《缙绅全书》道光二十七年夏
教谕	李　煌	宣化府人	举人	《缙绅全书》道光二十七年夏
复设训导	张文田	保定人	岁贡	《缙绅全书》道光二十七年夏

职官	人名	籍贯	出身	出处及在职时间及在职时间
典史	师长乐	陕西人	监生	《缙绅全书》道光二十七年夏
知县加一级	吴中顺	江苏人	举人	《缙绅全书》道光二十七年秋
县丞管河兼巡检事	钟　沅	浙江萧山人	监生	《缙绅全书》道光二十七年秋
教谕	李　煌	宣化府人	举人	《缙绅全书》道光二十七年秋
复设训导	张文田	保定人	岁贡	《缙绅全书》道光二十七年秋
典史	师长乐	陕西人	监生	《缙绅全书》道光二十七年秋
知县	吴中顺	江苏镇洋人	举人	《爵秩全览》道光二十八年夏
管河县丞兼巡检	钟　沅	浙江萧山人	监生	《爵秩全览》道光二十八年夏
教谕	李　煌	宣化府人	举人	《爵秩全览》道光二十八年夏

职官	人名	籍贯	出身	出处及在职时间及在职时间
复设训导	张文田	保定府人	岁贡	《爵秩全览》道光二十八年夏
知县加一级	吴中顺	江苏镇洋人	举人	《缙绅全书》道光二十八年冬
县丞管河兼巡检	钟　沅	浙江萧山人	监生	《缙绅全书》道光二十八年冬
教谕	李　煌	宣化府人	举人	《缙绅全书》道光二十八年冬
复设训导	张文田	保定府人	岁贡	《缙绅全书》道光二十八年冬
典史		陕西韩城人	监生	《缙绅全书》道光二十八年冬
知县加一级	吴中顺	江苏镇洋人	举人	《缙绅全书》道光二十九年夏
县丞管河兼巡检	钟　沅	浙江萧山人	监生	《缙绅全书》道光二十九年夏
教谕	李载庚	宣化府人	举人	《缙绅全书》道光二十九年夏

职官	人名	籍贯	出身	出处及在职时间及在职时间
复设训导	张文田	保定府人	岁贡	《缙绅全书》道光二十九年夏
典史		浙江鄞县人	监生	《缙绅全书》道光二十九年夏
知县	蔡锡申			《光绪大城县志》道光三十年
知县	王应奎			《光绪大城县志》咸丰元年
知县	刘仲锟			《光绪大城县志》咸丰元年
管河县丞兼巡检	钟　沅	浙江萧山人	监生	《爵秩全览》咸丰元年夏
教谕	李载庚	宣化府人	举人	《爵秩全览》咸丰元年夏
复设训导	张文田	保定府人	岁贡	《爵秩全览》咸丰元年夏
典史	彭克恕	江西南昌人	监生	《爵秩全览》咸丰元年夏

职官	人名	籍贯	出身	出处及在职时间及在职时间
知县	王启疆			《光绪大城县志》咸丰二年
县丞	金贤良	山东汶上人		《光绪大城县志》咸丰二年
知县	陈廷钧	湖北安陆人	举人	《爵秩全览》咸丰二年冬
管河县丞兼巡检	钟　沅	浙江萧山人	监生	《爵秩全览》咸丰二年冬
教谕	李载庚	宣化府人	举人	《爵秩全览》咸丰二年冬
复设训导	张文田	保定府人	岁贡	《爵秩全览》咸丰二年冬
典史	彭克恕	江西南昌人	监生	《爵秩全览》咸丰二年冬
知县	曾世槐			《光绪大城县志》咸丰三年
知县	石　衡			《光绪大城县志》咸丰三年

职官	人名	籍贯	出身	出处及在职时间及在职时间
县丞	刘瀚文			《光绪大城县志》咸丰三年
知县加一级	陈廷钧	湖北安陆人	举人	《缙绅全书》《光绪大城县志》咸丰三年夏
管河县丞兼巡检	钟　沅	浙江萧山人	监生	《缙绅全书》咸丰三年夏
教谕	李载庚	宣化府人	举人	《缙绅全书》咸丰三年夏
复设训导	张文田	保定人	岁贡	《缙绅全书》咸丰三年夏
典史	彭克恕	江西南昌人	监生	《缙绅全书》咸丰三年夏
知县	刘秉琳			《光绪大城县志》咸丰四年
县丞	俞维治	浙江山阴人		《光绪大城县志》咸丰四年
县丞	许　忠	江苏吴县人		《光绪大城县志》咸丰四年

职官	人名	籍贯	出身	出处及在职时间及在职时间
知县加一级	吴中顺	江苏镇洋人	举人	《缙绅全书》咸丰四年春
县丞管河兼巡检		浙江会稽人	议叙	《缙绅全书》咸丰四年春
教谕	李　煌	宣化府人	举人	《缙绅全书》咸丰四年春
复设训导	潘文会	天津人	举人	《缙绅全书》咸丰四年春
典史	师长乐	陕西韩城人	监生	《缙绅全书》咸丰四年春
知县	陈廷钧	湖北安陆人	举人	《缙绅全书》咸丰四年
县丞管河兼巡检	钟　沅	浙江萧山人	监生	《缙绅全书》咸丰四年
教谕	李载庚	宣化府人	举人	《缙绅全书》咸丰四年
复设训导	张文田	保定人	岁贡	《缙绅全书》咸丰四年

职官	人名	籍贯	出身	出处及在职时间及在职时间
典史	彭克恕	江西南昌人	监生	《缙绅全书》咸丰四年
知县	吴履福			《光绪大城县志》咸丰五年
知县	曾贯之			《光绪大城县志》咸丰五年
县丞	周　翊	江苏涞阳人		《光绪大城县志》咸丰五年
县丞	唐成啟	江苏江都人		《光绪大城县志》咸丰五年
知县	许汉芳			《光绪大城县志》咸丰六年
知县	会贯之	贵州安顺人	拔贡	《爵秩全览》咸丰六年春
管河县丞兼巡检	钟　沅	浙江萧山人	监生	《爵秩全览》咸丰六年春

职官	人名	籍贯	出身	出处及在职时间及在职时间
教谕	李载庚	宣化府人	举人	《爵秩全览》咸丰六年春
复设训导	张文田	保定府人	岁贡	《爵秩全览》咸丰六年春
知县加一级	会贯之	贵州安顺人	拔贡	《缙绅全书》咸丰六年春
县丞管河兼巡检	钟　沅	浙江萧山人	监生	《缙绅全书》咸丰六年春
教谕	李载庚	宣化府人	举人	《缙绅全书》咸丰六年春
复设训导	张文田	保定人	岁贡	《缙绅全书》咸丰六年春
典史		江西南昌人	监生	《缙绅全书》咸丰六年春
知县	彭爵麒	安徽怀宁人	举人	《爵秩全览》咸丰六年夏

职官	人名	籍贯	出身	出处及在职时间及在职时间
管河县丞兼巡检	毛永椿	江苏吴县人	监生	《爵秩全览》咸丰六年夏
教谕	李载庚	宣化府人	举人	《爵秩全览》咸丰六年夏
复设训导	张文田	保定府人	岁贡	《爵秩全览》咸丰六年夏
典史	胡　芬	浙江山阴人	监生	《爵秩全览》咸丰六年夏
县丞	沈秉炤			《光绪大城县志》咸丰七年
管河县丞兼巡检	毛永椿	江苏吴县人	监生	《爵秩全览》咸丰七年秋
教谕	李载庚	宣化府人	举人	《爵秩全览》咸丰七年秋
复设训导	张文田	保定府人	岁贡	《爵秩全览》咸丰七年秋
典史	胡　芬	浙江山阴人		《爵秩全览》咸丰七年秋

职官	人名	籍贯	出身	出处及在职时间及在职时间
知县	会贯之	贵州安顺人	拔贡	《爵秩全览》咸丰七年冬
管河县丞兼巡检	毛永椿	江苏吴县人	监生	《爵秩全览》咸丰七年冬
教谕	李载庚	宣化府人	举人	《爵秩全览》咸丰七年冬
复设训导	张文田	保定府人	岁贡	《爵秩全览》咸丰七年冬
县丞	王佐均			《光绪大城县志》咸丰八年
县丞	罗继勋	浙江会稽人		《光绪大城县志》咸丰八年
知县加一级	彭爵麒	安徽怀宁人	举人	《缙绅全书》《光绪大城县志》咸丰八年冬
县丞管河兼巡检	朱埙和	江苏上元人	监生	《缙绅全书》咸丰八年冬
教谕	李载庚	宣化府人	举人	《缙绅全书》咸丰八年冬

职官	人名	籍贯	出身	出处及在职时间及在职时间
复设训导	张文田	保定人	岁贡	《缙绅全书》咸丰八年冬
典史	胡　芬	浙江山阴人	监生	《缙绅全书》咸丰八年冬
知县	高骧云			《光绪大城县志》咸丰九年
知县	倪人垌			《光绪大城县志》咸丰九年
知县	曾世槐			《光绪大城县志》咸丰九年
知县	陈　为			《光绪大城县志》咸丰九年
知县	杨昌江			《光绪大城县志》咸丰九年
县丞	蒋寿畤	江苏元和人		《光绪大城县志》咸丰九年
县丞	孙德佑	浙江山阴人		《光绪大城县志》咸丰九年

职官	人名	籍贯	出身	出处及在职时间及在职时间
知县加一级	彭爵麒	安徽怀宁人	举人	《缙绅全书》咸丰九年夏
县丞管河兼巡检		江苏上元人	监生	《缙绅全书》咸丰九年夏
教谕	李载庚	宣化府人	举人	《缙绅全书》咸丰九年夏
复设训导	张文田	保定人	岁贡	《缙绅全书》咸丰九年夏
典史	胡　芬	浙江山阴人	监生	《缙绅全书》咸丰九年夏
知县	陈夑□	浙江钱塘人	监生	《缙绅全书》咸丰十年秋
县丞管河兼巡检	孙德祐	浙江山阴人	供事	《缙绅全书》咸丰十年秋
教谕	李载庚	宣化府人	举人	《缙绅全书》咸丰十年秋
复设训导	张文田	保定人	岁贡	《缙绅全书》咸丰十年秋

职官	人名	籍贯	出身	出处及在职时间及在职时间
典史		浙江山阴人	监生	《缙绅全书》咸丰十年秋
知县	陈燮□	浙江钱塘人	监生	《缙绅全书》咸丰十年
县丞管河兼巡检	孙德祐	浙江山阴人	供事	《缙绅全书》咸丰十年
教谕	李载庚	宣化府人	举人	《缙绅全书》咸丰十年
复设训导	张文田	保定人	岁贡	《缙绅全书》咸丰十年
典史	李殿扬	山东章邱人	监生	《缙绅全书》咸丰十年
知县	彭瑞麒			《光绪大城县志》咸丰十一年
知县	张　瀚			《光绪大城县志》同治二年
知县	杨应枚			《光绪大城县志》同治二年

职官	人名	籍贯	出身	出处及在职时间及在职时间
主簿	董承惠	浙江会稽人		《光绪大城县志》同治二年
知县	彭瑞麒			《光绪大城县志》同治三年
知县加一级	彭瑞麒	福建人	监生	《缙绅全书》同治四年夏
县丞管河兼巡检事	孙德祐	浙江山阴人	议叙	《缙绅全书》同治四年夏 《缙绅全书》咸丰十年秋等载其出身为“供事”
教谕	李载庚	宣化府人	举人	《缙绅全书》同治四年夏
复设训导	张文田	保定人	岁贡	《缙绅全书》同治四年夏
典史		浙江人	监生	《缙绅全书》同治四年夏
知县	彭瑞麒	福建人	监生	《缙绅全书》同治五年春
县丞管河兼巡检事	孙德祐	浙江山阴人	议叙	《缙绅全书》同治五年春

职官	人名	籍贯	出身	出处及在职时间及在职时间
教谕	李载庚	宣化府人	举人	《缙绅全书》同治五年春
复设训导	张文田	保定人	岁贡	《缙绅全书》同治五年春
典史	余　镕	浙江会稽人	监生	《缙绅全书》同治五年春
教谕	李振镛	易州人	廪贡	《光绪大城县志》同治六年
知县	彭瑞麒	福建人	监生	《爵秩全览》同治六年春
管河县丞兼巡检事	孙德祐	浙江山阴人	议叙	《爵秩全览》同治六年春
教谕	李载庚	宣化府人	举人	《爵秩全览》同治六年春
复设训导	张文田	保定人	岁贡	《爵秩全览》同治六年春
知县	彭瑞麒	福建人	监生	《缙绅全书》同治六年春

职官	人名	籍贯	出身	出处及在职时间及在职时间
管河县丞兼巡检事	孙德祐	浙江山阴人	议叙	《缙绅全书》同治六年春
教谕	李载庚	宣化府人	举人	《缙绅全书》同治六年春
训导	张文田	保定人	岁贡	《缙绅全书》同治六年春
知县	彭瑞麒	福建人	监生	《缙绅全书》同治六年秋
县丞管河兼巡检事	孙德祐	浙江山阴人	议叙	《缙绅全书》同治六年秋
教谕	李载庚	宣化府人	举人	《缙绅全书》同治六年秋
教谕训导	张文田	保定人	岁贡	《缙绅全书》同治六年秋
典史	余廷诏	安徽桐城人	监生	《缙绅全书》同治六年秋
教谕	唐文智	遵化人	举人	《光绪大城县志》同治七年

职官	人名	籍贯	出身	出处及在职时间及在职时间
训导	唐殿华	清苑人	廪贡	《光绪大城县志》同治七年
训导	宫毓椿	南皮人	廪贡	《光绪大城县志》同治七年
训导	李绍源	阜城人	廪贡	《光绪大城县志》同治七年
训导	闪连仲	大名人	廪贡	《光绪大城县志》同治七年
知县	李　璋			《光绪大城县志》同治八年
县丞	潘　枚			《光绪大城县志》同治八年
典史	张云霑	山东平原人		《光绪大城县志》同治八年
知县	彭瑞麒	福建人	监生	《缙绅全书》同治八年春
县丞管河兼巡检事	孙德祐	浙江山阴人	议叙	《缙绅全书》同治八年春

职官	人名	籍贯	出身	出处及在职时间及在职时间
教谕	唐文智	遵化人	举人	《缙绅全书》同治八年春
复设训导	闪连仲	大名人	廪贡	《缙绅全书》同治八年春
典史	李毓林	浙江山阴人	监生	《缙绅全书》同治八年春
知县加一级	彭瑞麒	福建人	监生	《缙绅全书》同治八年冬
县丞管河兼巡检事	孙德祐	浙江山阴人	议叙	《缙绅全书》同治八年冬
教谕	唐文治	遵化人	举人	《缙绅全书》同治八年冬
复设训导	闪连仲	大名人	廪贡	《缙绅全书》同治八年冬
典史	李毓林	浙江山阴人	监生	《缙绅全书》同治八年冬
知县	厉能官			《光绪大城县志》同治九年

职官	人名	籍贯	出身	出处及在职时间及在职时间
知县	彭瑞麒			《光绪大城县志》同治九年
知县	张邦瑞			《光绪大城县志》同治九年
县丞	凌　燮			《光绪大城县志》同治九年
知县	彭瑞麒	福建人	监生	《爵秩全览》同治九年春
教谕	唐文智	遵化人	举人	《爵秩全览》同治九年春
复设训导	闪连仲	大名人	廪贡	《爵秩全览》同治九年春
典史	李毓林	浙江山阴人	监生	《爵秩全览》同治九年春
知县加一级	彭瑞麒	福建崇安人	监生	《缙绅全书》同治九年夏
教谕	唐文治	遵化人	举人	《缙绅全书》同治九年夏

职官	人名	籍贯	出身	出处及在职时间及在职时间
县丞管河兼巡检事	孙德祐	浙江山阴人	议叙	《缙绅全书》同治九年夏
复设训导	闪连仲	大名人	廪贡	《缙绅全书》同治九年夏
典史	李毓林	浙江山阴人	监生	《缙绅全书》同治九年夏
知县	彭瑞麒	福建崇安人	监生	《爵秩全览》同治九年秋
教谕	唐文治	遵化人	举人	《爵秩全览》同治九年秋
县丞管河兼巡检事	孙德祐	浙江山阴人	议叙	《爵秩全览》同治九年秋
复设训导	闪连仲	大名人	廪贡	《爵秩全览》同治九年秋
典史	李毓林	浙江山阴人	监生	《爵秩全览》同治九年秋
知县加一级	彭瑞麒	福建崇安人	监生	《缙绅全书》同治九年冬

职官	人名	籍贯	出身	出处及在职时间及在职时间
教谕	唐文治	遵化人	举人	《缙绅全书》同治九年冬
县丞管河兼巡检事	孙德祐	浙江山阴人	议叙	《缙绅全书》同治九年冬
复设训导	闪连仲	大名人	廪贡	《缙绅全书》同治九年冬
典史		浙江山阴人	监生	《缙绅全书》同治九年冬
典史	孙世忠	奉天吉林厅人		《光绪大城县志》同治十年
典史	田起滨	安徽旌德人		《光绪大城县志》同治十年
把总	王得善	天津人	行伍	《光绪大城县志》同治十年
知县加一级		福建崇安人	监生	《缙绅全书》同治十年春
教谕	唐文治	遵化人	举人	《缙绅全书》同治十年春

职官	人名	籍贯	出身	出处及在职时间及在职时间
县丞管河兼巡检事	凌夔□	安徽定远人	监生	《缙绅全书》同治十年春
复设训导	闪连仲	大名人	廪贡	《缙绅全书》同治十年春
典史		浙江山阴人	监生	《缙绅全书》同治十年春
知县加一级		福建崇安人	监生	《缙绅全书》同治十年夏
教谕	唐文治	遵化人	举人	《缙绅全书》同治十年夏
县丞管河兼巡检事	凌夔□	安徽定远人	监生	《缙绅全书》同治十年夏
复设训导	闪连仲	大名人	廪贡	《缙绅全书》同治十年夏
典史		江苏江都人	议员	《缙绅全书》同治十年夏
县丞	张庆奎			《光绪大城县志》同治十一年

职官	人名	籍贯	出身	出处及在职时间及在职时间
知县加一级	庄允端	江苏阳湖人	监生	《缙绅全书》《光绪大城县志》同治十一年夏
教谕	唐文治	遵化人	举人	《缙绅全书》同治十一年夏
县丞管河兼巡检事	朱锡榐	江苏吴县人	监生	《缙绅全书》同治十一年夏
复设训导	闪连仲	大名人	廪贡	《缙绅全书》同治十一年夏
典史	田起滨	安徽旌德人	监生	《缙绅全书》同治十一年夏
知县加一级	庄允端	江苏阳湖人	监生	《缙绅全书》《中枢备览》同治十一年秋
教谕	唐文治	遵化人	举人	《缙绅全书》《中枢备览》同治十一年秋
县丞管河兼巡检事		江苏吴县人	监生	《缙绅全书》《中枢备览》同治十一年秋
复设训导	闪连仲	大名人	廪贡	《缙绅全书》《中枢备览》同治十一年秋

职官	人名	籍贯	出身	出处及在职时间及在职时间
典史	田起滨	安徽旌德人	监生	《缙绅全书》《中枢备览》同治十一年秋
县丞	余寿昌	江苏扬州府甘泉人		《光绪大城县志》同治十二年
知县加一级	庄允端	江苏阳湖人	监生	《缙绅全书》同治十二年冬
教谕	唐文治	遵化人	举人	《缙绅全书》同治十二年冬
县丞管河兼巡检事	余昌寿	江苏甘泉人	监生	《缙绅全书》同治十二年冬
复设训导	闪连仲	大名人	廪贡	《缙绅全书》同治十二年冬
典史	田起滨	安徽旌德人	监生	《缙绅全书》同治十二年冬
知县加一级	庄允端	江苏阳湖人	监生	《缙绅全书》同治十三年春
管河县丞兼巡检事	余昌寿	江苏甘泉人	监生	《缙绅全书》同治十三年春

职官	人名	籍贯	出身	出处及在职时间及在职时间
教谕	唐文治	遵化人	举人	《缙绅全书》同治十三年春
复设训导	闪连仲	大名人	廪贡	《缙绅全书》同治十三年春
典史	田起滨	安徽旌德人	监生	《缙绅全书》同治十二年春
知县	庄允端	江苏阳湖人	监生	《爵秩全览》同治十三年夏
管河县丞兼巡检事	余昌寿	江苏甘泉人	监生	《爵秩全览》同治十三年夏
教谕	唐文治	遵化人	举人	《爵秩全览》同治十三年夏
复设训导	闪连仲	大名人	廪贡	《爵秩全览》同治十三年夏
典史	田起滨	安徽旌德人	监生	《爵秩全览》同治十三年夏
知县加一级	庄允端	江苏阳湖人	监生	《缙绅全书》同治十三年秋

职官	人名	籍贯	出身	出处及在职时间及在职时间
管河县丞兼巡检事	余昌寿	江苏甘泉人	监生	《缙绅全书》同治十三年秋
教谕	唐文治	遵化人	举人	《缙绅全书》同治十三年秋
复设训导	闪连仲	大名人	廪贡	《缙绅全书》同治十三年秋
典史	田起滨	安徽旌德人	监生	《缙绅全书》同治十三年秋
知县加一级	庄允端	江苏阳湖人	监生	《缙绅全书》同治十三年冬
管河县丞兼巡检事	余昌寿	江苏甘泉人	监生	《缙绅全书》同治十三年冬
教谕	唐文治	遵化人	举人	《缙绅全书》同治十三年冬
复设训导	闪连仲	大名人	廪贡	《缙绅全书》同治十三年冬
典史	田起滨	安徽旌德人	监生	《缙绅全书》同治十三年冬

职官	人名	籍贯	出身	出处及在职时间及在职时间
知县	庄允端	江苏阳湖人	监生	《爵秩全览》同治十三年冬
管河县丞兼巡检事	余昌寿	江苏甘泉人	监生	《爵秩全览》同治十三年冬
教谕	唐文治	遵化人	举人	《爵秩全览》同治十三年冬
复设训导	闪连仲	大名人	廪贡	《爵秩全览》同治十三年冬
典史	田起滨	安徽旌德人	监生	《爵秩全览》同治十三年冬
知县加一级	庄允端	江苏阳湖人	监生	《缙绅全书》《中枢备览》同治十三年冬
管河县丞兼巡检事	余昌寿	江苏甘泉人	监生	《缙绅全书》《中枢备览》同治十三年冬
教谕	唐文治	遵化人	举人	《缙绅全书》《中枢备览》同治十三年冬
复设训导	闪连仲	大名人	廪贡	《缙绅全书》《中枢备览》同治十三年冬

职官	人名	籍贯	出身	出处及在职时间及在职时间
典史	田起滨	安徽旌德人	监生	《缙绅全书》《中枢备览》同治十三年冬
知县	冯　玮			《光绪大城县志》光绪元年
训导	李廷振	丰润人	廪贡	《光绪大城县志》光绪元年
训导	宫毓椿	南皮人	廪贡	《光绪大城县志》光绪元年
知县	庄允端	江苏阳湖人	监生	《爵秩全览》光绪元年夏
管河县丞兼巡检事	余昌寿	江苏甘泉人	监生	《爵秩全览》光绪元年夏
教谕	唐文治	遵化人	举人	《爵秩全览》光绪元年夏
复设训导	闪连仲	大名人	廪贡	《爵秩全览》光绪元年夏
典史	田起滨	安徽旌德人	监生	《爵秩全览》光绪元年夏

职官	人名	籍贯	出身	出处及在职时间及在职时间
知县	庄允端	江苏阳湖人	监生	《爵秩全览》光绪元年秋
管河县丞兼巡检事	余昌寿	江苏甘泉人	监生	《爵秩全览》光绪元年秋
教谕	唐文治	遵化人	举人	《爵秩全览》光绪元年秋
复设训导	宫毓椿	天津府人	廪贡	《爵秩全览》光绪元年秋
典史	田起滨	安徽旌德人	监生	《爵秩全览》光绪元年秋
知县	管近修			《光绪大城县志》光绪二年
知县加一级	蔡寿臻	浙江桐乡人	监生	《缙绅全书》光绪二年秋
管河县丞兼巡检事	余昌寿	江苏甘泉人	监生	《缙绅全书》光绪二年秋
教谕	唐文治	遵化人	举人	《缙绅全书》光绪二年秋

职官	人名	籍贯	出身	出处及在职时间及在职时间
复设训导	宫毓椿	天津府人	廪贡	《缙绅全书》光绪二年秋
典史	田起滨	安徽旌德人	监生	《缙绅全书》光绪二年秋
知县	蔡寿臻	浙江桐乡人	监生	《爵秩全览》光绪二年冬
管河县丞兼巡检事	余昌寿	江苏甘泉人	监生	《爵秩全览》光绪二年冬
教谕	唐文治	遵化人	举人	《爵秩全览》光绪二年冬
复设训导	宫毓椿	天津府人	廪贡	《爵秩全览》光绪二年冬
典史	田起滨	安徽旌德人	监生	《爵秩全览》光绪二年冬
典史	邹毓坪	山东福山人		《光绪大城县志》光绪三年
典史	洪恩福	安徽□门人		《光绪大城县志》光绪三年

职官	人名	籍贯	出身	出处及在职时间及在职时间
知县加一级	蔡寿臻	浙江桐乡人	监生	《缙绅全书》《中枢备览》《光绪大城县志》光绪三年夏
管河县丞兼巡检事	余昌寿	江苏甘泉人	监生	《缙绅全书》《中枢备览》光绪三年夏
教谕	唐文治	遵化人	举人	《缙绅全书》《中枢备览》光绪三年夏
复设训导	宫毓椿	天津府人	廪贡	《缙绅全书》《中枢备览》光绪三年夏
典史	田起滨	安徽旌德人	监生	《缙绅全书》《中枢备览》光绪三年夏
知县加一级	蔡寿臻	浙江桐乡人	监生	《缙绅全书》《光绪大城县志》光绪三年秋
管河县丞兼巡检事	余昌寿	江苏甘泉人	监生	《缙绅全书》光绪三年秋
教谕	唐文治	遵化人	举人	《缙绅全书》光绪三年秋
复设训导	宫毓椿	天津府人	廪贡	《缙绅全书》光绪三年秋

职官	人名	籍贯	出身	出处及在职时间及在职时间
典史	田起滨	安徽旌德人	监生	《缙绅全书》光绪三年秋
知县	蔡寿臻	浙江桐乡人	监生	《爵秩全览》《光绪大城县志》光绪三年冬
管河县丞兼巡检事	余昌寿	江苏甘泉人	监生	《爵秩全览》光绪三年冬
教谕	唐文治	遵化人	举人	《爵秩全览》光绪三年冬
复设训导	宫毓椿	天津府人	廪贡	《爵秩全览》光绪三年冬
典史	田起滨	安徽旌德人	监生	《爵秩全览》光绪三年冬
典史	郑福德	奉天昌口厅人		《光绪大城县志》光绪四年
知县加一级	蔡寿臻	浙江桐乡人	监生	《缙绅全书》《中枢备览》光绪四年秋
管河县丞兼巡检事	余昌寿	江苏甘泉人	监生	《缙绅全书》《中枢备览》光绪四年秋

职官	人名	籍贯	出身	出处及在职时间及在职时间
教谕	唐文治	遵化人	举人	《缙绅全书》《中枢备览》光绪四年秋
复设训导	宫毓椿	天津府人	廪贡	《缙绅全书》《中枢备览》光绪四年秋
典史	田起滨	安徽旌德人	监生	《缙绅全书》《中枢备览》光绪四年秋
知县	蔡寿臻	浙江桐乡人	监生	《爵秩全览》光绪四年冬
管河县丞兼巡检事	余昌寿	江苏甘泉人	监生	《爵秩全览》光绪四年冬
教谕	唐文治	遵化人	举人	《爵秩全览》光绪四年冬
复设训导	宫毓椿	天津府人	廪贡	《爵秩全览》光绪四年冬
典史	田起滨	安徽旌德人	监生	《爵秩全览》光绪四年冬
知县	张　钰			《光绪大城县志》光绪五年

职官	人名	籍贯	出身	出处及在职时间及在职时间
知县	萧　焕			《光绪大城县志》光绪五年
县丞	宝　垣			《光绪大城县志》光绪五年
典史	李成章	山东历城人		《光绪大城县志》光绪五年
典史	田起滨	安徽旌德人	监生	《缙绅全书》光绪五年春
知县加一级		浙江桐乡人	监生	《缙绅全书》光绪五年秋
管河县丞兼巡检事	余昌寿	江苏甘泉人	监生	《缙绅全书》光绪五年秋
教谕	唐文治	遵化人	举人	《缙绅全书》光绪五年秋
复设训导	宫毓椿	天津府人	廪贡	《缙绅全书》光绪五年秋
典史	田起滨	安徽旌德人	监生	《缙绅全书》光绪五年秋

职官	人名	籍贯	出身	出处及在职时间及在职时间
知县加一级	蔡寿臻	浙江桐乡人	监生	《缙绅全书》《中枢备览》光绪五年冬
管河县丞兼巡检事	余昌寿	江苏甘泉人	监生	《缙绅全书》《中枢备览》光绪五年冬
教谕	唐文治	遵化人	举人	《缙绅全书》《中枢备览》光绪五年冬
复设训导	宫毓椿	天津府人	廪贡	《缙绅全书》《中枢备览》光绪五年冬
典史	田起滨	安徽旌德人	监生	《缙绅全书》《中枢备览》光绪五年冬
大城汛千总	王得善	直隶人	行伍	《缙绅全书》《中枢备览》光绪五年冬
县丞	赵兴藻			《光绪大城县志》光绪六年
县丞	何　锐	安徽怀宁人		《光绪大城县志》光绪七年
县丞	冯永春	浙江山阴人		《光绪大城县志》光绪七年

职官	人名	籍贯	出身	出处及在职时间及在职时间
县丞	戴作哲	安徽婺源人		《光绪大城县志》光绪七年
典史	翁布洲	浙江蒲山人		《光绪大城县志》光绪七年
典史	陈德森	安徽定远人		《光绪大城县志》光绪七年
典史	葛其寿	安徽怀宁人		《光绪大城县志》光绪七年
训导	李升廷	唐山人	岁贡	《光绪大城县志》光绪七年
复设训导	杜文蔚	广平府人	廪贡	《爵秩全览》光绪七年冬
典史	田起滨	安徽旌德人	监生	《爵秩全览》光绪七年冬
知县加一级	李均豫	江苏丹徒人	监生	《缙绅全书》《光绪大城县志》光绪七年冬
县丞管河兼巡检事	赵兴藻	江苏阳湖人	监生	《缙绅全书》光绪七年冬

职官	人名	籍贯	出身	出处及在职时间及在职时间
教谕	唐文治	遵化人	举人	《缙绅全书》光绪七年冬
复设训导	杜文蔚	广平府人	廪贡	《缙绅全书》光绪七年冬
典史	田起滨	安徽旌德人	监生	《缙绅全书》光绪七年冬
知县	张　钰			《光绪大城县志》光绪八年
知县	王益寿			《光绪大城县志》光绪八年
训导	洪昌凤	汉军厢黄旗人	廪贡	《光绪大城县志》光绪八年
知县加一级	李均豫	江苏丹徒人	监生	《缙绅全书》光绪八年冬
县丞管河兼巡检事	赵兴藻	江苏阳湖人	监生	《缙绅全书》光绪八年冬
教谕	唐文治	遵化人	举人	《缙绅全书》光绪八年冬

职官	人名	籍贯	出身	出处及在职时间及在职时间
复设训导	洪昌凤	汉军厢黄旗人	廪贡	《缙绅全书》光绪八年冬
典史	田起滨	安徽旌德人	监生	《缙绅全书》光绪八年冬
县丞	刘毓彦	江苏武进人		《光绪大城县志》光绪九年
典史	李毓林	浙江山阴人		《光绪大城县志》光绪九年
教谕	卜振邦	赵州人	举人	《光绪大城县志》光绪九年
知县	陈寿椿			《光绪大城县志》光绪十年
县丞	章兆玉	安徽桐城人		《光绪大城县志》光绪十年
县丞	饶达权	安徽旌德人		《光绪大城县志》光绪十年
县丞	吴廷钜	江苏丹徒人		《光绪大城县志》光绪十年

职官	人名	籍贯	出身	出处及在职时间及在职时间
教谕	范陈书		举人	《光绪大城县志》光绪十年
训导	张福堂	乐亭人	廪贡	《光绪大城县志》光绪十年
知县	李均豫	江苏丹徒人	监生	《爵秩全览》光绪十年夏
县丞管河兼巡检事	赵兴藻	江苏阳湖人	监生	《爵秩全览》光绪十年夏
教谕	范陈书	河间人	举人	《爵秩全览》光绪十年夏
复设训导	洪昌凤	汉军厢黄旗人	廪贡	《爵秩全览》光绪十年夏
典史	李毓林	浙江山阴人	监生	《爵秩全览》光绪十年夏
知县	李均豫	江苏丹徒人	监生	《爵秩全览》光绪十年秋
县丞管河兼巡检事	赵兴藻	江苏阳湖人	监生	《爵秩全览》光绪十年秋

职官	人名	籍贯	出身	出处及在职时间及在职时间
教谕	范陈书	河间人	举人	《爵秩全览》光绪十年秋
复设训导	洪昌凤	汉军厢黄旗人	廪贡	《爵秩全览》光绪十年秋
典史	李毓林	浙江山阴人	监生	《爵秩全览》光绪十年秋
教谕	文　治	邢台人	岁贡	《光绪大城县志》光绪十一年
教谕	李凤岗	束鹿人	举人	《光绪大城县志》光绪十一年
县丞管河兼巡检事	赵兴藻	江苏阳湖人	监生	《爵秩全览》光绪十一年春
教谕	范陈书	河间人	举人	《爵秩全览》光绪十一年春
复设训导	洪昌凤	汉军厢黄旗人	廪贡	《爵秩全览》光绪十一年春
典史	李毓林	浙江山阴人	监生	《爵秩全览》光绪十一年春

职官	人名	籍贯	出身	出处及在职时间及在职时间
县丞管河兼巡检事	赵兴藻	江苏阳湖人	监生	《爵秩全览》光绪十一年夏
教谕	范陈书	河间人	举人	《爵秩全览》光绪十一年夏
复设训导	洪昌凤	汉军厢黄旗人	廪贡	《爵秩全览》光绪十一年夏
典史	李毓林	浙江山阴人	监生	《爵秩全览》光绪十一年夏
县丞管河兼巡检事	赵兴藻	江苏阳湖人	监生	《爵秩全览》光绪十一年秋
教谕	王鼎元	永平府人	举人	《爵秩全览》光绪十一年秋
复设训导	洪昌凤	汉军厢黄旗人	廪贡	《爵秩全览》光绪十一年秋
典史	李毓林	浙江山阴人	监生	《爵秩全览》光绪十一年秋
知县	何其翔			《光绪大城县志》光绪十二年

职官	人名	籍贯	出身	出处及在职时间及在职时间
典史	毛桂荣	浙江余饶人		《光绪大城县志》光绪十二年
知县	陈寿椿	浙江会稽人	监生	《爵秩全览》光绪十二年夏
管河县丞兼巡检事	赵兴藻	江苏阳湖人	监生	《爵秩全览》光绪十二年夏
教谕	李凤冈	保定府人	举人	《爵秩全览》光绪十二年夏
复设训导	张福堂	永平府人	廪贡	《爵秩全览》光绪十二年夏
典史	李毓林	浙江山阴人	监生	《爵秩全览》光绪十二年夏
同知知县	陈寿椿	浙江会稽人	监生	《缙绅全书》光绪十二年秋
管河县丞兼巡检事	赵兴藻	江苏阳湖人	监生	《缙绅全书》光绪十二年秋
教谕	李凤冈	保定府人	举人	《缙绅全书》光绪十二年秋

职官	人名	籍贯	出身	出处及在职时间及在职时间
复设训导	张福堂	永平府人	廪贡	《缙绅全书》光绪十二年秋
典史	李毓林	浙江山阴人	监生	《缙绅全书》光绪十二年秋
知县	陈寿椿			《光绪大城县志》光绪十三年
典史	潘寿臣	浙江仁和人		《光绪大城县志》光绪十三年
知县	陈寿椿	浙江会稽人	监生	《爵秩全览》光绪十三年春
管河县丞兼巡检事	赵兴藻	江苏阳湖人	监生	《爵秩全览》光绪十三年春
教谕	李凤冈	保定府人	举人	《爵秩全览》光绪十三年春
复设训导	张福堂	永平府人	廪贡	《爵秩全览》光绪十三年春
典史	李毓林	浙江山阴人	监生	《爵秩全览》光绪十三年春

职官	人名	籍贯	出身	出处及在职时间及在职时间
同知知县	陈寿椿	浙江会稽人	监生	《缙绅全书》《中枢备览》光绪十三年夏
管河县丞兼巡检事	赵兴藻	江苏阳湖人	监生	《缙绅全书》《中枢备览》光绪十三年夏
教谕	李凤冈	保定府人	举人	《缙绅全书》《中枢备览》光绪十三年夏
复设训导	张福堂	永平府人	廪贡	《缙绅全书》《中枢备览》光绪十三年夏
典史	李毓林	浙江山阴人	监生	《缙绅全书》《中枢备览》光绪十三年夏
知县	陈寿椿	浙江会稽人	监生	《缙绅全书》光绪十三年冬
管河县丞兼巡检事	赵兴藻	江苏阳湖人	监生	《缙绅全书》光绪十三年冬
教谕	李凤冈	保定府人	举人	《缙绅全书》光绪十三年冬
复设训导	张福堂	永平府人	廪贡	《缙绅全书》光绪十三年冬

职官	人名	籍贯	出身	出处及在职时间及在职时间
典史		浙江山阴人	监生	《缙绅全书》光绪十三年冬
县丞	许成允	江苏吴县人		《光绪大城县志》光绪十四年
升用四路同知知县	陈寿椿	浙江会稽人	监生	《缙绅全书》光绪十四年夏
管河县丞兼巡检事	赵兴藻	江苏阳湖人	监生	《缙绅全书》光绪十四年夏
教谕	李凤冈	保定府人	举人	《缙绅全书》光绪十四年夏
复设训导	张福堂	永平府人	廪贡	《缙绅全书》光绪十四年夏
典史	潘寿辰	浙江仁和人	监生	《缙绅全书》光绪十四年夏
知县	陈寿椿	浙江会稽人	监生	《爵秩全览》光绪十四年冬
教谕	李凤冈	保定府人	举人	《爵秩全览》光绪十四年冬

职官	人名	籍贯	出身	出处及在职时间及在职时间
复设训导	张福堂	永平府人	廪贡	《爵秩全览》光绪十四年冬
典史	潘寿辰	浙江仁和人	监生	《爵秩全览》光绪十四年冬
知县	马序东			《光绪大城县志》光绪十五年
知县	凌道增			《光绪大城县志》光绪十五年
县丞	宋慎讓	河南武陟人		《光绪大城县志》光绪十五年
教谕	李凤冈	保定府人	举人	《爵秩全览》光绪十五年夏
复设训导	张福堂	永平府人	廪贡	《爵秩全览》光绪十五年夏
典史	潘寿辰	浙江仁和人	监生	《爵秩全览》光绪十五年夏
知县	凌道增	安徽定远人	监生	《爵秩全览》光绪十五年秋

职官	人名	籍贯	出身	出处及在职时间及在职时间
管河县丞兼巡检事	宋慎怀	河南武陟县人	监生	《爵秩全览》光绪十五年秋
教谕	李凤冈	保定府人	举人	《爵秩全览》光绪十五年秋
复设训导	张福堂	永平府人	廪贡	《爵秩全览》光绪十五年秋
典史	潘寿辰	浙江仁和人	监生	《爵秩全览》光绪十五年秋
知县	凌道增	安徽定远人	监生	《爵秩全览》光绪十五年冬
教谕	李凤冈	保定府人	举人	《爵秩全览》光绪十五年冬
县丞管河兼巡检事	宋慎怀	河南武陟县人	监生	《爵秩全览》光绪十五年冬
复设训导	张福堂	永平府人	廪贡	《爵秩全览》光绪十五年冬
典史	潘寿臣	浙江仁和人	监生	《爵秩全览》光绪十五年冬

职官	人名	籍贯	出身	出处及在职时间及在职时间
知县	张兆珏			《光绪大城县志》光绪十六年
知县	林绍清			《光绪大城县志》光绪十六年
知县	凌道增			《光绪大城县志》光绪十六年
典史	王毓琦	浙江钱塘人		《光绪大城县志》光绪十六年
知县	凌道增	安徽定远人	监生	《缙绅全书》光绪十六年春
教谕	李凤冈	保定府人	举人	《缙绅全书》光绪十六年春
管河县丞兼巡检事	宋慎怀	河南武陟县人	监生	《缙绅全书》光绪十六年春
复设训导	张福堂	永平府人	廪贡	《缙绅全书》光绪十六年春
典史	潘寿臣	浙江仁和人	监生	《缙绅全书》光绪十六年春

职官	人名	籍贯	出身	出处及在职时间及在职时间
知县	凌道增	安徽定远人	监生	《缙绅全书》光绪十六年冬
教谕	李凤冈	保定府人	举人	《缙绅全书》光绪十六年冬
管河县丞兼巡检事	宋慎怀	河南武陟县人	监生	《缙绅全书》光绪十六年冬
复设训导	张福堂	永平府人	廪贡	《缙绅全书》光绪十六年冬
典史	潘寿臣	浙江仁和人	监生	《缙绅全书》光绪十六年冬
知县	刘　峻			《光绪大城县志》光绪十七年
典史	张国祥	浙江山阴人		《光绪大城县志》光绪十七年
知县	李燕昌			《光绪大城县志》光绪十八年
知县	李燕昌	山东济宁州人	附生	《爵秩全览》光绪十八年春

职官	人名	籍贯	出身	出处及在职时间及在职时间
教谕	李凤冈	保定府人	举人	《爵秩全览》光绪十八年春
管河县丞兼巡检事	宋慎怀	河南武陟县人	监生	《爵秩全览》光绪十八年春
复设训导	张福堂	永平府人	廪贡	《爵秩全览》光绪十八年春
典史	张国祥	浙江山阴人	监生	《爵秩全览》光绪十八年春
知县	李燕昌	山东济宁州人	附生	《爵秩全览》光绪十八年秋
教谕	李凤冈	保定府人	举人	《爵秩全览》光绪十八年秋
管河县丞兼巡检事	宋慎怀	河南武陟县人	监生	《爵秩全览》光绪十八年秋
复设训导	张福堂	永平府人	廪贡	《爵秩全览》光绪十八年秋
典史	张国祥	浙江山阴人	监生	《爵秩全览》光绪十八年秋

职官	人名	籍贯	出身	出处及在职时间及在职时间
知县	李燕昌	山东济宁州人	附生	《爵秩全览》光绪十八年冬
教谕	李凤冈	保定府人	举人	《爵秩全览》光绪十八年冬
管河县丞兼巡检事	宋慎怀	河南武陟县人	监生	《爵秩全览》光绪十八年冬
复设训导	张福堂	永平府人	廪贡	《爵秩全览》光绪十八年冬
典史	张国祥	浙江山阴人	监生	《爵秩全览》光绪十八年冬
知县	张及第	山西人		《光绪大城县志》光绪十九年
知县	李燕昌	山东济宁州人	附生	《缙绅全书》光绪十九年春
教谕	李凤冈	保定府人	举人	《缙绅全书》光绪十九年春
管河县丞兼巡检事	宋慎怀	河南武陟县人	监生	《缙绅全书》光绪十九年春

职官	人名	籍贯	出身	出处及在职时间及在职时间
复设训导	张福堂	永平府人	廪贡	《缙绅全书》光绪十九年春
典史	张国祥	浙江山阴人	监生	《缙绅全书》光绪十九年春
知县	李燕昌	山东济宁州人	附生	《爵秩全览》光绪十九年夏
教谕	李凤冈	保定府人	举人	《爵秩全览》光绪十九年夏
管河县丞兼巡检事	宋慎怀	河南武陟县人	监生	《爵秩全览》光绪十九年夏
复设训导	张福堂	永平府人	廪贡	《爵秩全览》光绪十九年夏
典史	张国祥	浙江山阴人	监生	《爵秩全览》光绪十九年夏
知县	李燕昌	山东济宁州人	附生	《爵秩全览》光绪十九年秋
管河县丞兼巡检	宋慎怀	河南武陟人	监生	《爵秩全览》光绪十九年秋

职官	人名	籍贯	出身	出处及在职时间及在职时间
教谕	李凤冈	保定府人	举人	《爵秩全览》光绪十九年秋
复设训导	张福堂	永平府人	廪贡	《爵秩全览》光绪十九年秋
典史	张国祥	浙江山阴人	监生	《爵秩全览》光绪十九年秋
知县	李燕昌	山东济宁州人	附生	《缙绅全书》《爵秩全览》光绪十九年冬
管河县丞兼巡检	宋慎怀	河南武陟人	监生	《缙绅全书》《爵秩全览》光绪十九年冬
教谕	李凤岗	保定人	举人	《缙绅全书》《爵秩全览》光绪十九年冬
复设训导	张福堂	永平人	廪贡	《缙绅全书》《爵秩全览》光绪十九年冬
典史	张国祥	浙江山阴人	监生	《缙绅全书》《爵秩全览》光绪十九年冬
知县	王继武			《光绪大城县志》光绪二十年

职官	人名	籍贯	出身	出处及在职时间及在职时间
知县	李燕昌	山东济宁州人	附生	《缙绅全书》《中枢备览》《光绪大城县志》光绪二十年夏
管河县丞兼巡检	宋慎怀	河南武陟人	监生	《缙绅全书》《中枢备览》光绪二十年夏
教谕	李凤冈	保定人	举人	《缙绅全书》《中枢备览》光绪二十年夏
复设训导	张福堂	永平人	廪贡	《缙绅全书》《中枢备览》光绪二十年夏
典史	张国祥	浙江山阴人	监生	《缙绅全书》《中枢备览》光绪二十年夏
知县	李燕昌	山东济宁州人	附生	《爵秩全览》光绪二十年秋
管河县丞兼巡检	宋慎怀	河南武陟人	监生	《爵秩全览》光绪二十年秋
教谕	李凤冈	保定府人	举人	《爵秩全览》光绪二十年秋
复设训导	张福堂	永平府人	廪贡	《爵秩全览》光绪二十年秋

职官	人名	籍贯	出身	出处及在职时间及在职时间
典史	张国祥	浙江山阴人	监生	《爵秩全览》光绪二十年秋
县丞	张　沅	浙江山阴人		《光绪大城县志》光绪二十一年
教谕	张鹏年	青县人	举人	《光绪大城县志》光绪二十一年
教谕	高　桂	武安人	拔贡举人	《光绪大城县志》光绪二十一年
知县	李燕昌	山东济宁州人	附生	《爵秩全览》光绪二十一年春
管河县丞兼巡检	宋慎怀	河南武陟人	监生	《爵秩全览》光绪二十一年春
教谕	李凤冈	保定府人	举人	《爵秩全览》光绪二十一年春
复设训导	张福堂	永平府人	廪贡	《爵秩全览》光绪二十一年春
典史	张国祥	浙江山阴人	监生	《爵秩全览》光绪二十一年春

职官	人名	籍贯	出身	出处及在职时间及在职时间
知县	李燕昌	山东济宁州人	附生	《爵秩全览》光绪二十一年夏
管河县丞兼巡检	宋慎怀	河南武陟人	监生	《爵秩全览》光绪二十一年夏
教谕	李凤冈	保定府人	举人	《爵秩全览》光绪二十一年夏
复设训导	张福堂	永平府人	廪贡	《爵秩全览》光绪二十一年夏
典史	张国祥	浙江山阴人	监生	《爵秩全览》光绪二十一年夏
知县	李燕昌	山东济宁州人	附生	《爵秩全览》光绪二十一年秋
管河县丞兼巡检	宋慎怀	河南武陟人	监生	《爵秩全览》光绪二十一年秋
教谕	李凤冈	保定府人	举人	《爵秩全览》光绪二十一年秋
复设训导	张福堂	永平府人	廪贡	《爵秩全览》光绪二十一年秋

职官	人名	籍贯	出身	出处及在职时间及在职时间
典史	张国祥	浙江山阴人	监生	《爵秩全览》光绪二十一年秋
知县	李燕昌	山东济宁州人	附生	《缙绅全书》光绪二十一年冬
管河县丞兼巡检	宋慎怀	河南武陟人	监生	《缙绅全书》光绪二十一年冬
教谕	高　桂	广平人	举人	《缙绅全书》光绪二十一年冬
复设训导	张福堂	永平人	廪贡	《缙绅全书》光绪二十一年冬
典史	张国祥	浙江山阴人	监生	《缙绅全书》光绪二十一年冬
知县	韩景儒			《光绪大城县志》光绪二十二年
知县	赵炳文			《光绪大城县志》光绪二十二年
知县	李燕昌	山东济宁州人	附生	《爵秩全览》光绪二十二年春

职官	人名	籍贯	出身	出处及在职时间及在职时间
教谕	高　桂	广平府人	举人	《爵秩全览》光绪二十二年春
复设训导	张福堂	永平府人	廪贡	《爵秩全览》光绪二十二年春
典史	张国祥	浙江山阴人	监生	《爵秩全览》光绪二十二年春
知县	李燕昌	山东济宁州人	附生	《缙绅全书》光绪二十二年春
管河县丞兼巡检	宋慎怀	河南武陟人	监生	《缙绅全书》光绪二十二年春
教谕	高　桂	广平人	举人	《缙绅全书》光绪二十二年春
复设训导	张福堂	永平府人	廪贡	《缙绅全书》光绪二十二年春
典史	张国祥	浙江山阴人	监生	《缙绅全书》光绪二十二年春
知县	李燕昌	山东济宁州人	附生	《爵秩全览》光绪二十二年夏

职官	人名	籍贯	出身	出处及在职时间及在职时间
教谕	高　桂	广平府人	举人	《爵秩全览》光绪二十二年夏
复设训导	张福堂	永平府人	廪贡	《爵秩全览》光绪二十二年夏
典史	张国祥	浙江山阴人	监生	《爵秩全览》光绪二十二年夏
知县	李燕昌	山东济宁州人	附生	《爵秩全览》光绪二十二年秋
管河县丞兼巡检	林际平	福建候官人	举人	《爵秩全览》光绪二十二年秋
教谕	高　桂	广平府人	举人	《爵秩全览》光绪二十二年秋
复设训导	张福堂	永平府人	廪贡	《爵秩全览》光绪二十二年秋
典史	张国祥	浙江山阴人	监生	《爵秩全览》光绪二十二年秋
知县	李燕昌	山东济宁州人	附生	《爵秩全览》光绪二十二年冬

职官	人名	籍贯	出身	出处及在职时间及在职时间
管河县丞兼巡检	林际平	福建候官人	举人	《爵秩全览》光绪二十二年冬
教谕	高　桂	广平府人	举人	《爵秩全览》光绪二十二年冬
复设训导	张福堂	永平府人	廪贡	《爵秩全览》光绪二十二年冬
典史	张国祥	浙江山阴人	监生	《爵秩全览》光绪二十二年冬
县丞	何　权	河南扶沟人		《光绪大城县志》光绪二十三年
教谕	高　桂	广平府人	举人	《爵秩全览》光绪二十三年夏
复设训导	张福堂	永平府人	廪贡	《爵秩全览》光绪二十三年夏
典史	张国祥	浙江山阴人	监生	《爵秩全览》光绪二十三年夏
知县	徐国桢	江苏吴县人	监生	《缙绅全书》《中枢备览》光绪二十三年秋

职官	人名	籍贯	出身	出处及在职时间及在职时间
管河县丞兼巡检	陈祖裕	浙江人	监生	《缙绅全书》《中枢备览》光绪二十三年秋
教谕	高　桂	广平人	举人	《缙绅全书》《中枢备览》光绪二十三年秋
复设训导	张福堂	永平人	廪贡	《缙绅全书》《中枢备览》光绪二十三年秋
典史	张国祥	浙江山阴人	监生	《缙绅全书》《中枢备览》光绪二十三年秋
知县	徐国桢	江苏吴县人	监生	《爵秩全览》光绪二十三年冬
管河县丞兼巡检事	陈祖裕	浙江嘉善县人	监生	《爵秩全览》光绪二十三年冬
教谕	高　桂	广平府人	举人	《爵秩全览》光绪二十三年冬
复设训导	张福堂	永平府人	廪贡	《爵秩全览》光绪二十三年冬
典史	张国祥	浙江山阴县人	监生	《爵秩全览》光绪二十三年冬

职官	人名	籍贯	出身	出处及在职时间及在职时间
知县	徐国桢			《光绪大城县志》光绪二十四年
教谕	鹿旬理			《光绪大城县志》光绪二十四年
知县	徐国桢	江苏吴县人	监生	《爵秩全览》光绪二十四年春
管河县丞兼巡检事	陈祖裕	浙江嘉善县人	监生	《爵秩全览》光绪二十四年春
教谕	高　桂	广平府人	举人	《爵秩全览》光绪二十四年春
复设训导	张福堂	永平府人	廪贡	《爵秩全览》光绪二十四年春
典史	张国祥	浙江山阴县人	监生	《爵秩全览》光绪二十四年春
知县	徐国桢	江苏吴县人	监生	《爵秩全览》光绪二十四年秋
管河县丞兼巡检事	陈祖裕	浙江嘉善县人	监生	《爵秩全览》光绪二十四年秋

职官	人名	籍贯	出身	出处及在职时间及在职时间
教谕	高　桂	广平府人	举人	《爵秩全览》光绪二十四年秋
复设训导	张福堂	永平府人	廪贡	《爵秩全览》光绪二十四年秋
典史	张国祥	浙江山阴县人	监生	《爵秩全览》光绪二十四年秋
知县	徐国桢	江苏吴县人	监生	《爵秩全览》光绪二十四年冬
管河县丞兼巡检事	陈祖裕	浙江嘉善县人	监生	《爵秩全览》光绪二十四年冬
教谕	赵文楷	永平府人	举人	《爵秩全览》光绪二十四年冬
复设训导	张福堂	永平府人	廪贡	《爵秩全览》光绪二十四年冬
典史	陈连恒	湖南湘乡人	文童	《爵秩全览》光绪二十四年冬
知县	徐国桢	江苏吴县人	监生	《缙绅全书》光绪二十四年冬

职官	人名	籍贯	出身	出处及在职时间及在职时间
管河县丞兼巡检事	陈祖裕	浙江嘉善县人	监生	《缙绅全书》光绪二十四年冬
教谕	赵文楷	永平府人	举人	《缙绅全书》光绪二十四年冬
复设训导	张福堂	永平府人	廪贡	《缙绅全书》光绪二十四年冬
典史	陈连恒	湖南湘乡人	文童	《缙绅全书》光绪二十四年冬
知县	徐国桢	江苏吴县人	监生	《爵秩全览》光绪二十五年春
管河县丞兼巡检事	陈祖裕	浙江嘉善县人	监生	《爵秩全览》光绪二十五年春
教谕	赵文楷	永平府人	举人	《爵秩全览》光绪二十五年春
复设训导	张福堂	永平府人	廪贡	《爵秩全览》光绪二十五年春
典史	陈连恒	湖南湘乡人	文童	《爵秩全览》光绪二十五年春

职官	人名	籍贯	出身	出处及在职时间及在职时间
知县	徐国桢	江苏吴县人	监生	《缙绅全书》《中枢备览》光绪二十五年春
管河县丞兼巡检事	陈祖裕	浙江嘉善县人	监生	《缙绅全书》《中枢备览》光绪二十五年春
教谕	赵文楷	永平府人	举人	《缙绅全书》《中枢备览》光绪二十五年春
复设训导	张福堂	永平府人	廪贡	《缙绅全书》《中枢备览》光绪二十五年春
典史	陈连恒	湖南湘乡人	文童	《缙绅全书》《中枢备览》光绪二十五年春
知县	徐国桢	江苏吴县人	监生	《爵秩全览》光绪二十五年夏
管河县丞兼巡检事	陈祖裕	浙江嘉善县人	监生	《爵秩全览》光绪二十五年夏
教谕	赵文楷	永平府人	举人	《爵秩全览》光绪二十五年夏
复设训导	张福堂	永平府人	廪贡	《爵秩全览》光绪二十五年夏

职官	人名	籍贯	出身	出处及在职时间及在职时间
典史	陈连恒	湖南湘乡人	文童	《爵秩全览》光绪二十五年夏
知县	徐国桢	江苏吴县人	监生	《缙绅全书》光绪二十五年夏
教谕	赵文楷	永平人	举人	《缙绅全书》光绪二十五年夏
管河县丞兼巡检事	陈祖裕	浙江嘉善人	监生	《缙绅全书》光绪二十五年夏
复设训导	张福堂	永平府人	廪贡	《缙绅全书》光绪二十五年夏
典史	陈连恒	湖南湘乡人	文童	《缙绅全书》光绪二十五年夏
知县	徐国桢	江苏吴县人	监生	《爵秩全览》光绪二十五年秋
教谕	赵文楷	永平人	举人	《爵秩全览》光绪二十五年秋
管河县丞兼巡检事	陈祖裕	浙江嘉善人	监生	《爵秩全览》光绪二十五年秋

职官	人名	籍贯	出身	出处及在职时间及在职时间
复设训导	张福堂	永平府人	廪贡	《爵秩全览》光绪二十五年秋
典史	陈连恒	湖南湘乡人	文童	《爵秩全览》光绪二十五年秋
知县	徐国桢	江苏吴县人	监生	《缙绅全书》《中枢备览》光绪二十五年冬
教谕	赵文楷	永平人	举人	《缙绅全书》《中枢备览》光绪二十五年冬
管河县丞兼巡检事	陈祖裕	浙江嘉善人	监生	《缙绅全书》《中枢备览》光绪二十五年冬
复设训导	张福堂	永平府人	廪贡	《缙绅全书》《中枢备览》光绪二十五年冬
典史	陈连恒	湖南湘乡人	文童	《缙绅全书》《中枢备览》光绪二十五年冬
知县	徐国桢	江苏吴县人	监生	《缙绅全书》《中枢备览》光绪二十六年春
教谕	赵文楷	永平人	举人	《缙绅全书》《中枢备览》光绪二十六年春

职官	人名	籍贯	出身	出处及在职时间及在职时间
管河县丞兼巡检事	景湧沛	浙江山阴人	监生	《缙绅全书》《中枢备览》光绪二十六年春
复设训导	张福堂	永平府人	廪贡	《缙绅全书》《中枢备览》光绪二十六年春
典史	陈连恒	湖南湘乡人	文童	《缙绅全书》《中枢备览》光绪二十六年春
知县	徐国桢	江苏吴县人	监生	《缙绅全书》光绪二十六年夏
教谕	赵文楷	永平人	举人	《缙绅全书》光绪二十六年夏
管河县丞兼巡检事	景湧沛	浙江山阴人	监生	《缙绅全书》光绪二十六年夏
复设训导	张福堂	永平府人	廪贡	《缙绅全书》光绪二十六年夏
典史	陈连恒	湖南湘乡人	文童	《缙绅全书》光绪二十六年夏
知县	徐国桢	江苏吴县人	监生	《爵秩全览》光绪二十六年秋

职官	人名	籍贯	出身	出处及在职时间及在职时间
教谕	赵文楷	永平人	举人	《爵秩全览》光绪二十六年秋
管河县丞兼巡检事	景湧沛	浙江山阴人	监生	《爵秩全览》光绪二十六年秋
复设训导	张福堂	永平府人	廪贡	《爵秩全览》光绪二十六年秋
典史	陈连恒	湖南湘乡人	文童	《爵秩全览》光绪二十六年秋
知县	徐国桢	江苏吴县人	监生	《缙绅全书》光绪二十七年春
教谕	赵文楷	永平人	举人	《缙绅全书》光绪二十七年春
管河县丞兼巡检事	景湧沛	浙江山阴人	监生	《缙绅全书》光绪二十七年春
复设训导	张福堂	永平府人	廪贡	《缙绅全书》光绪二十七年春
典史	陈连恒	湖南湘乡人	文童	《缙绅全书》光绪二十七年春

职官	人名	籍贯	出身	出处及在职时间及在职时间
知县	吴兆熊	江苏山阳县人	举人	《爵秩全览》光绪二十七年冬
教谕	赵文楷	永平人	举人	《爵秩全览》光绪二十七年冬
管河县丞兼巡检事	景湧沛	浙江山阴人	监生	《爵秩全览》光绪二十七年冬
复设训导	张福堂	永平府人	廪贡	《爵秩全览》光绪二十七年冬
典史	陈连恒	湖南湘乡人	文童	《爵秩全览》光绪二十七年冬
知县		江苏吴县人	监生	《缙绅全书》《中枢备览》光绪二十七年冬
管河县丞兼巡检事	景湧沛	浙江山阴人	监生	《缙绅全书》《中枢备览》光绪二十七年冬
教谕	赵文楷	永平人	举人	《缙绅全书》《中枢备览》光绪二十七年冬
复设训导	张福堂	永平人	廪贡	《缙绅全书》《中枢备览》光绪二十七年冬

职官	人名	籍贯	出身	出处及在职时间及在职时间
典史	陈连恒	湖南湘乡人		《缙绅全书》《中枢备览》光绪二十七年冬
大成汛千总	王得善	天津人	行伍	《缙绅全书》《中枢备览》光绪二十七年冬
知县	吴兆熊	江苏山阳县人	举人	《爵秩全览》光绪二十八年春
管河县丞兼巡检事	景湧沛	浙江山阴人	监生	《爵秩全览》光绪二十八年春
教谕	赵文楷	永平人	举人	《爵秩全览》光绪二十八年春
复设训导	张福堂	永平人	廪贡	《爵秩全览》光绪二十八年春
典史	陈连恒	湖南湘乡人		《爵秩全览》光绪二十八年春
知县	吴兆熊	江苏山阳县人	举人	《缙绅全书》《中枢备览》《爵秩全览》光绪二十八年夏
管河县丞兼巡检事	景湧沛	浙江山阴人	监生	《缙绅全书》《中枢备览》《爵秩全览》光绪二十八年夏

职官	人名	籍贯	出身	出处及在职时间及在职时间
教谕	赵文楷	永平人	举人	《缙绅全书》《中枢备览》《爵秩全览》光绪二十八年夏
复设训导	张福堂	永平人	廪贡	《缙绅全书》《中枢备览》《爵秩全览》光绪二十八年夏
典史	陈连恒	湖南湘乡人		《缙绅全书》《中枢备览》《爵秩全览》光绪二十八年夏
大成汛千总	王得善	天津人	行伍	《缙绅全书》《中枢备览》《爵秩全览》光绪二十八年夏
知县		江苏山阳县人	举人	《爵秩全览》光绪二十八年秋
管河县丞兼巡检事	景湧沛	浙江山阴人	监生	《爵秩全览》光绪二十八年秋
教谕	赵文楷	永平人	举人	《爵秩全览》光绪二十八年秋
复设训导	张福堂	永平人	廪贡	《爵秩全览》光绪二十八年秋
典史	陈连恒	湖南湘乡人		《爵秩全览》光绪二十八年秋

职官	人名	籍贯	出身	出处及在职时间及在职时间
大成汛千总	王得善	天津人	行伍	《缙绅全书》《中枢备览》光绪二十八年秋
知县	邢兆英	浙江山阴人	举人	《缙绅全书》《中枢备览》光绪二十八年冬
管河县丞兼巡检事	景湧沛	浙江山阴人	监生	《缙绅全书》《中枢备览》光绪二十八年冬
教谕	赵文楷	永平人	举人	《缙绅全书》《中枢备览》光绪二十八年冬
复设训导	张福堂	永平人	廪贡	《缙绅全书》《中枢备览》光绪二十八年冬
典史	陈连恒	湖南湘乡人		《缙绅全书》《中枢备览》光绪二十八年冬
大成汛千总	王得善	天津人	行伍	《缙绅全书》《中枢备览》光绪二十八年冬
知县	邢兆英	浙江山阴县人	吏员	《爵秩全览》《缙绅全书》《中枢备览》光绪二十九年春
管河县丞兼巡检事	景湧沛	浙江山阴人	监生	《爵秩全览》《缙绅全书》《中枢备览》光绪二十九年春

职官	人名	籍贯	出身	出处及在职时间及在职时间
教谕	赵文楷	永平人	举人	《爵秩全览》《缙绅全书》《中枢备览》光绪二十九年春
复设训导	张福堂	永平人	廪贡	《爵秩全览》《缙绅全书》《中枢备览》光绪二十九年春
典史	陈连恒	湖南湘乡人		《爵秩全览》《缙绅全书》《中枢备览》光绪二十九年春
大成汛千总	王得善	天津人	行伍	《缙绅全书》《中枢备览》光绪二十九年春
知县	邢兆英	浙江山阴人	举人	《缙绅全书》光绪二十九年夏
管河县丞兼巡检事	景湧沛	浙江山阴人	监生	《缙绅全书》光绪二十九年夏
教谕	赵文楷	永平人	举人	《缙绅全书》光绪二十九年夏
复设训导	张福堂	永平人	廪贡	《缙绅全书》光绪二十九年夏
典史	陈连恒	湖南湘乡人		《缙绅全书》光绪二十九年夏

职官	人名	籍贯	出身	出处及在职时间及在职时间
知县	邢兆英	浙江山阴人	举人	《爵秩全览》光绪二十九年秋
管河县丞兼巡检事	景湧沛	浙江山阴人	监生	《爵秩全览》光绪二十九年秋
教谕	赵文楷	永平人	举人	《爵秩全览》光绪二十九年秋
复设训导	张福堂	永平人	廪贡	《爵秩全览》光绪二十九年秋
典史	陈连恒	湖南湘乡人		《爵秩全览》光绪二十九年秋
知县	邢兆英	浙江山阴人	举人	《缙绅全书》《中枢备览》光绪二十九年秋
管河县丞兼巡检事	景湧沛	浙江山阴人	监生	《缙绅全书》《中枢备览》光绪二十九年秋
教谕	赵文楷	永平人	举人	《缙绅全书》《中枢备览》光绪二十九年秋
复设训导	张福堂	永平人	廪贡	《缙绅全书》《中枢备览》光绪二十九年秋

职官	人名	籍贯	出身	出处及在职时间及在职时间
典史	陈连恒	湖南湘乡人		《缙绅全书》《中枢备览》光绪二十九年秋
大成汛千总	王得善	天津人	行伍	《缙绅全书》《中枢备览》光绪二十九年秋
知县	邢兆英	浙江山阴人	举人	《缙绅全书》《中枢备览》光绪二十九年冬
管河县丞兼巡检事	景湧沛	浙江山阴人	监生	《缙绅全书》《中枢备览》光绪二十九年冬
教谕	赵文楷	永平人	举人	《缙绅全书》《中枢备览》光绪二十九年冬
复设训导	张福堂	永平人	廪贡	《缙绅全书》《中枢备览》光绪二十九年冬
典史	陈连恒	湖南湘乡人		《缙绅全书》《中枢备览》光绪二十九年冬
大成汛千总	王得善	天津人	行伍	《缙绅全书》《中枢备览》光绪二十九年冬
知县	邢兆英	浙江山阴人	举人	《缙绅全书》《中枢备览》光绪三十年春

职官	人名	籍贯	出身	出处及在职时间及在职时间
管河县丞兼巡检事	景湧沛	浙江山阴人	监生	《缙绅全书》《中枢备览》光绪三十年春
教谕	赵文楷	永平人	举人	《缙绅全书》《中枢备览》光绪三十年春
复设训导	张福堂	永平人	廪贡	《缙绅全书》《中枢备览》光绪三十年春
典史	陈连恒	湖南湘乡人		《缙绅全书》《中枢备览》光绪三十年春
大成汛千总	王得善	天津人	行伍	《缙绅全书》《中枢备览》光绪三十年春
管河县丞兼巡检事	景湧沛	浙江山阴人	监生	《爵秩全览》光绪三十年夏
教谕	赵文楷	永平人	举人	《爵秩全览》光绪三十年夏
复设训导	步以庸	冀州人	廪贡	《爵秩全览》光绪三十年夏
典史	陈连恒	湖南湘乡人		《爵秩全览》光绪三十年夏

职官	人名	籍贯	出身	出处及在职时间及在职时间
知县	邢兆英	浙江山阴人	吏员	《缙绅全书》《中枢备览》光绪三十年夏
管河县丞兼巡检事	景湧沛	浙江山阴人	监生	《缙绅全书》《中枢备览》光绪三十年夏
教谕	赵文楷	永平人	举人	《缙绅全书》《中枢备览》光绪三十年夏
复设训导	步以庸	冀州人	廪贡	《缙绅全书》《中枢备览》光绪三十年夏
典史	陈连恒	湖南湘乡人		《缙绅全书》《中枢备览》光绪三十年夏
大成汛千总	王得善	天津人	行伍	《缙绅全书》《中枢备览》光绪三十年夏
知县	毕承缃	湖北江陵人	监生	《缙绅全书》光绪三十年冬
管河县丞兼巡检事	景湧沛	浙江山阴人	监生	《缙绅全书》光绪三十年冬
教谕	赵文楷	永平人	举人	《缙绅全书》光绪三十年冬

职官	人名	籍贯	出身	出处及在职时间及在职时间
复设训导	步以庸	冀州人	廪贡	《缙绅全书》光绪三十年冬
典史	陈连恒	湖南湘乡人		《缙绅全书》光绪三十年冬
知县	毕承缃	湖北江陵人	监生	《缙绅全书》《中枢备览》光绪三十一年春
教谕	赵文楷	永平人	举人	《缙绅全书》《中枢备览》光绪三十一年春
管河县丞兼巡检事	景湧沛	浙江山阴人	监生	《缙绅全书》《中枢备览》光绪三十一年春
复设训导	步以墉	冀州人	廪贡	《缙绅全书》《中枢备览》光绪三十一年春
典史	陈连恒	湖南湘乡人	文童	《缙绅全书》《中枢备览》光绪三十一年春
知县	毕承缃	湖北江陵人	监生	《爵秩全览》光绪三十一年夏

职官	人名	籍贯	出身	出处及在职时间及在职时间
教谕	赵文楷	永平人	举人	《爵秩全览》光绪三十一年夏
管河县丞兼巡检事	景湧沛	浙江山阴人	监生	《爵秩全览》光绪三十一年夏
复设训导	步以墉	冀州人	廪贡	《爵秩全览》光绪三十一年夏
典史	陈连恒	湖南湘乡人	文童	《爵秩全览》光绪三十一年夏
知县	毕承缃	湖北江陵人	监生	《缙绅全书》《中枢备览》光绪三十一年夏
教谕	赵文楷	永平人	举人	《缙绅全书》《中枢备览》光绪三十一年夏
管河县丞兼巡检事	景湧沛	浙江山阴人	监生	《缙绅全书》《中枢备览》光绪三十一年夏
复设训导	步以墉	冀州人	廪贡	《缙绅全书》《中枢备览》光绪三十一年夏

职官	人名	籍贯	出身	出处及在职时间及在职时间
典史	陈连恒	湖南湘乡人	文童	《缙绅全书》《中枢备览》光绪三十一年夏
知县	毕承缃	湖北江陵人	监生	《爵秩全览》光绪三十一年秋
教谕	赵文楷	永平人	举人	《爵秩全览》光绪三十一年秋
管河县丞兼巡检事	景湧沛	浙江山阴人	监生	《爵秩全览》光绪三十一年秋
复设训导	步以墉	冀州人	廪贡	《爵秩全览》光绪三十一年秋
知县	毕承缃	湖北江陵人	监生	《爵秩全览》光绪三十一年冬
教谕	赵文楷	永平人	举人	《爵秩全览》光绪三十一年冬
管河县丞兼巡检事	景湧沛	浙江山阴人	监生	《爵秩全览》光绪三十一年冬

职官	人名	籍贯	出身	出处及在职时间及在职时间
复设训导	步以墉	冀州人	廪贡	《爵秩全览》光绪三十一年冬
知县	毕承缃	湖北江陵人	监生	《爵秩全览》光绪三十二年春
教谕	赵文楷	永平人	举人	《爵秩全览》光绪三十二年春
管河县丞兼巡检事	景湧沛	浙江山阴人	监生	《爵秩全览》光绪三十二年春
复设训导	步以墉	冀州人	廪贡	《爵秩全览》光绪三十二年春
知县	毕承缃	湖北江陵人	监生	《缙绅全书》《中枢备览》光绪三十二年春
教谕	赵文楷	永平人	举人	《缙绅全书》《中枢备览》光绪三十二年春
管河县丞兼巡检事	景湧沛	浙江山阴人	监生	《缙绅全书》《中枢备览》光绪三十二年春

职官	人名	籍贯	出身	出处及在职时间及在职时间
复设训导	步以墉	冀州人	廪贡	《缙绅全书》《中枢备览》光绪三十二年春
典史		湖南湘乡人	文童	《缙绅全书》《中枢备览》光绪三十二年春
知县	毕承缃	湖北江陵人	监生	《缙绅全书》光绪三十二年夏
教谕	步以墉	冀州人	廪贡	《缙绅全书》光绪三十二年夏
管河县丞兼巡检事	景湧沛	浙江山阴人	监生	《缙绅全书》光绪三十二年夏
典史	詹宝模	浙江人	监生	《缙绅全书》光绪三十二年夏
知县		湖北江陵人	监生	《缙绅全书》光绪三十二年秋
教谕	步以墉	冀州人	廪贡	《缙绅全书》光绪三十二年秋

职官	人名	籍贯	出身	出处及在职时间及在职时间
管河县丞兼巡检事	景湧沛	浙江山阴人	监生	《缙绅全书》光绪三十二年秋
复设训导		冀州人	廪贡	《缙绅全书》光绪三十二年秋
典史	詹宝模	浙江人	监生	《缙绅全书》光绪三十二年秋
知县	毕承缃	湖北江陵人	监生	《缙绅全书》光绪三十二年冬
教谕	步以墉	冀州人	廪贡	《缙绅全书》光绪三十二年冬
管河县丞兼巡检事	景湧沛	浙江山阴人	监生	《缙绅全书》光绪三十二年冬
典史	詹宝模	浙江人	监生	《缙绅全书》光绪三十二年冬
知县	毕承缃	湖北江陵人	监生	《爵秩全览》光绪三十二年冬

职官	人名	籍贯	出身	出处及在职时间及在职时间
教谕	步以墉	冀州人	廪贡	《爵秩全览》光绪三十二年冬
管河县丞兼巡检事	景湧沛	浙江山阴人	监生	《爵秩全览》光绪三十二年冬
典史	詹宝模	浙江人	监生	《爵秩全览》光绪三十二年冬
知县	毕承緗	湖北江陵人	监生	《爵秩全览》光绪三十三年春
教谕	步以墉	冀州人	廪贡	《爵秩全览》光绪三十三年春
管河县丞兼巡检事	景湧沛	浙江山阴人	监生	《爵秩全览》光绪三十三年春
复设训导			廪贡	《爵秩全览》光绪三十三年春
典史	詹宝模	浙江人	监生	《爵秩全览》光绪三十三年春

职官	人名	籍贯	出身	出处及在职时间及在职时间
知县	毕承缃	湖北江陵人	监生	《缙绅全书》《中枢备览》光绪三十三年夏
管河县丞兼巡检	景湧沛	浙江山阴人	监生	《缙绅全书》《中枢备览》光绪三十三年夏
教谕	步以墉	冀州人	廪贡	《缙绅全书》《中枢备览》光绪三十三年夏
复设训导	宝　权		廪贡	《缙绅全书》《中枢备览》光绪三十三年夏
典史	詹宾模	浙江人	监生	《缙绅全书》《中枢备览》光绪三十三年夏
知县	毕承缃	湖北江陵人	监生	《爵秩全览》光绪三十三年秋
管河县丞兼巡检	景湧沛	浙江山阴人	监生	《爵秩全览》光绪三十三年秋
教谕	步以墉	冀州人	廪贡	《爵秩全览》光绪三十三年秋

职官	人名	籍贯	出身	出处及在职时间及在职时间
典史	詹宾模	浙江人	监生	《爵秩全览》光绪三十三年秋
管河县丞兼巡检	景湧沛	浙江山阴人	监生	《爵秩全览》光绪三十三年冬
教谕	步以墉	冀州人	廪贡	《爵秩全览》光绪三十三年冬
典史	詹宾模	浙江人	监生	《爵秩全览》光绪三十三年冬
知县	蒋士楫	江苏无锡人	监生	《爵秩全览》光绪三十四年春
管河县丞兼巡检	景湧沛	浙江山阴人	监生	《爵秩全览》最新百官录　光绪三十四年春
教谕	步以墉	冀州人	廪贡	《爵秩全览》光绪三十四年春
典史	詹宾模	浙江人	监生	《爵秩全览》最新百官录　光绪三十四年春

职官	人名	籍贯	出身	出处及在职时间及在职时间
知县	熊济熙	贵州贵阳人	廪贡	《最新百官绿》光绪三十四年春
知县	蒋士楫	江苏无锡人	监生	《爵秩全览》光绪三十四年夏
管巡检事河县丞	景湧沛	浙江山阴人	监生	《爵秩全览》光绪三十四年夏
教谕	步以墉	冀州人	廪贡	《爵秩全览》光绪三十四年夏
典史	詹宾模	浙江人	监生	《爵秩全览》光绪三十四年夏
知县	蒋士楫	江苏无锡人	监生	《爵秩全览》光绪三十四年秋
管河县丞兼巡检	景湧沛	浙江山阴人	监生	《爵秩全览》光绪三十四年秋
教谕	步以墉	冀州人	廪贡	《爵秩全览》光绪三十四年秋

职官	人名	籍贯	出身	出处及在职时间及在职时间
典史	詹宾模	浙江人	监生	《爵秩全览》光绪三十四年秋
知县	蒋士棏	江苏无锡人	监生	《爵秩全览》光绪三十四年冬
管河县丞兼巡检	景湧沛	浙江山阴人	监生	《爵秩全览》光绪三十四年冬
教谕	步以墉	冀州人	廪贡	《爵秩全览》光绪三十四年冬
典史	詹宾模	浙江人	监生	《爵秩全览》光绪三十四年冬
僧会司僧会	行　德			《光绪大城县志》光绪年间
备注：住持王口禅林寺。				
知县	蒋士棏	江苏无锡人	监生	《爵秩全览》宣统元年春

职官	人名	籍贯	出身	出处及在职时间及在职时间
管河县丞兼巡检	景湧沛	浙江山阴人	监生	《爵秩全览》宣统元年春
教谕	步以墉	冀州人	廪贡	《爵秩全览》宣统元年春
典史	詹宾模	浙江人	监生	《爵秩全览》宣统元年春
知县	蒋士楫	江苏无锡人	监生	《爵秩全览》宣统元年夏
管河县丞兼巡检	景湧沛	浙江山阴人	监生	《爵秩全览》宣统元年夏
教谕	步以墉	冀州人	廪贡	《爵秩全览》宣统元年夏
典史	詹宾模	浙江人	监生	《爵秩全览》宣统元年夏
知县	蒋士楫	江苏无锡人	监生	《爵秩全览》宣统元年秋

职官	人名	籍贯	出身	出处及在职时间及在职时间
管河县丞兼巡检	景湧沛	浙江山阴人	监生	《爵秩全览》宣统元年秋
教谕	步以墉	冀州人	廪贡	《爵秩全览》宣统元年秋
典史	詹宾模	浙江人	监生	《爵秩全览》宣统元年秋
知县	蒋士楫	江苏无锡人	监生	《爵秩全览》宣统元年冬
管河县丞兼巡检	景湧沛	浙江山阴人	监生	《爵秩全览》宣统元年冬
教谕	步以墉	冀州人	廪贡	《爵秩全览》宣统元年冬
典史	詹宾模	浙江人	监生	《爵秩全览》宣统元年冬
知县	蒋士楫	江苏无锡人	监生	《缙绅全书》宣统元年冬

职官	人名	籍贯	出身	出处及在职时间及在职时间
管河县丞兼巡检事	景湧沛	浙江山阴人	监生	《缙绅全书》宣统元年冬
教谕	步以墉	冀州人	廪贡	《缙绅全书》宣统元年冬
典史	詹宾模	浙江人	监生	《缙绅全书》宣统元年冬
知县	蒋士棏	江苏无锡人	监生	《爵秩全览》宣统二年春
管河县丞兼巡检事	景湧沛	浙江山阴人	监生	《爵秩全览》宣统二年春
教谕	步以墉	冀州人	廪贡	《爵秩全览》宣统二年春
典史	詹宾模	浙江人	监生	《爵秩全览》宣统二年春
知县	蒋士棏	江苏无锡人	监生	《爵秩全览》宣统二年夏

职官	人名	籍贯	出身	出处及在职时间及在职时间
管河县丞兼巡检事	景湧沛	浙江山阴人	监生	《爵秩全览》宣统二年夏
教谕	步以墉	冀州人	廪贡	《爵秩全览》宣统二年夏
典史	詹宾模	浙江人	监生	《爵秩全览》宣统二年夏
知县	蒋士楫	江苏无锡人	监生	《爵秩全览》宣统二年秋
管河县丞兼巡检事	景湧沛	浙江山阴人	监生	《爵秩全览》宣统二年秋
教谕	步以墉	冀州人	廪贡	《爵秩全览》宣统二年秋
典史	詹宾模	浙江人	监生	《爵秩全览》宣统二年秋
知县	蒋士楫	江苏无锡人	监生	《爵秩全览》宣统二年冬

职官	人名	籍贯	出身	出处及在职时间及在职时间
管河县丞兼巡检事	景湧沛	浙江山阴人	监生	《爵秩全览》宣统二年冬
教谕	步以墉	冀州人	廪贡	《爵秩全览》宣统二年冬
典史	詹宾模	浙江人	监生	《爵秩全览》宣统二年冬
知县	蒋士棨	江苏无锡人	监生	《爵秩全览》宣统三年春
管河县丞兼巡检事	景湧沛	浙江山阴人	监生	《爵秩全览》宣统三年春
教谕	步以墉	冀州人	廪贡	《爵秩全览》宣统三年春
典史	詹宾模	浙江人	监生	《爵秩全览》宣统三年春
知县	蒋士棨	江苏无锡人	监生	《爵秩全览》宣统三年夏

职官	人名	籍贯	出身	出处及在职时间及在职时间
管河县丞兼巡检事	景湧沛	浙江山阴人	监生	《爵秩全览》宣统三年夏
教谕	步以墉	冀州人	廪贡	《爵秩全览》宣统三年夏
典史	詹宾模	浙江人	监生	《爵秩全览》宣统三年夏
知县	蒋士楫	江苏无锡人	监生	《爵秩全览》宣统三年秋
管河县丞兼巡检事	景湧沛	浙江山阴人	监生	《爵秩全览》宣统三年秋
教谕	步以墉	冀州人	廪贡	《爵秩全览》宣统三年秋
典史	詹宾模	浙江人	监生	《爵秩全览》宣统三年秋
知县	蒋士楫	江苏无锡人	监生	《职官录》宣统三年冬

职官	人名	籍贯	出身	出处及在职时间及在职时间
管河县丞兼巡检事	景湧沛	浙江山阴人	监生	《职官录》宣统三年冬
教谕	步以墉	冀州人	廪贡	《职官录》宣统三年冬
知县	蒋士楫	江苏无锡人	监生	《职官录》宣统四年春
管河县丞兼巡检事	景湧沛	浙江山阴人	监生	《职官录》宣统四年春
教谕	步以墉	冀州人	廪贡	《职官录》宣统四年春
阴阳学训术	刘守无			《康熙大城县志》 《光绪大城县志》
阴阳学训术	刘世基			《康熙大城县志》 《光绪大城县志》
医学训科	温　基			《康熙大城县志》 《光绪大城县志》

职官	人名	籍贯	出身	出处及在职时间及在职时间
僧会司僧会	性　江			《康熙大城县志》 《光绪大城县志》
僧会司僧会	真　江			《康熙大城县志》 《光绪大城县志》
僧会司僧会	玅　江			《康熙大城县志》 《光绪大城县志》
僧会司僧会	海　宝			《康熙大城县志》 《光绪大城县志》
僧会司僧会	性　乐			《康熙大城县志》 《光绪大城县志》
把总	高华章	天津人		《光绪大城县志》
把总	马善述	静海人		《光绪大城县志》
把总	郝传科	邑人		《光绪大城县志》

职官	人名	籍贯	出身	出处及在职时间及在职时间
把总	石凤鸣	天津人		《光绪大城县志》
千总	王得善	天津人	行伍	《光绪大城县志》
千总	许万隆	天津人		《光绪大城县志》

清代大城职官类表

主　簿

职官	人名	籍贯	出身	出处及在职时间及在职时间
主簿	李天沐	江西人		《康熙大城县志》顺治元年 《光绪大城县志》
主簿	董承惠	浙江会稽人		《光绪大城县志》同治二年

州同管管河县丞事县丞

职官	人名	籍贯	出身	出处及在职时间及在职时间
州同管管河县丞事县丞	王　邴	陕西人	生员	《缙绅全本》乾隆二十五年冬

州同管管河县丞事

职官	人名	籍贯	出身	出处及在职时间及在职时间
州同管管河县丞事	王　邴	陕西人	生员	《缙绅全本》乾隆二十六年秋
州同管管河县丞事	吴贻诚	安徽桐城人	监生	《爵秩全本》乾隆三十年冬
州同管管河县丞事	吴贻诚	安徽桐城人	监生	《爵秩全本》乾隆三十三年秋

知县加一级

职官	人名	籍贯	出身	出处及在职时间及在职时间
知县加一级	狄永宜	江苏人		《缙绅全书》乾隆三十年春
知县加一级	狄永宜	江苏人		《爵秩全本》乾隆三十年冬

职官	人名	籍贯	出身	出处及在职时间及在职时间
知县加一级	乔　俊	山西安邑人	贡生	《缙绅全书》《中枢备览》乾隆四十二年秋
知县加一级	胡振坤	浙江会稽人	议叙	《缙绅全书》《中枢备览》乾隆五十三年春
知县加一级	韩修凤	江浙黄岩人	拔贡	《缙绅全书》嘉庆元年春
知县加一级	陆　芳	江苏武进人	监生	《缙绅全书》嘉庆二年冬
知县加一级	钱　桂	浙江仁和人	举人	《缙绅全书》嘉庆五年冬
知县加一级	吴士泓	江苏元和人	监生	《缙绅全书》嘉庆九年春
知县加一级	吴士泓	江苏元和人	监生	《缙绅全书》《中枢备览》嘉庆十一年春
知县加一级	汪兆霖	湖北黄冈人	举人	《缙绅全书》嘉庆二十一年冬
知县加一级	汪兆霖	湖北黄冈人	举人	《缙绅全书》嘉庆二十二年春

职官	人名	籍贯	出身	出处及在职时间及在职时间
知县加一级	汪兆霖	湖北黄冈人	举人	《缙绅全书》（小） 嘉庆二十二年冬
知县加一级	汪兆霖	湖北黄冈人	举人	《缙绅全书》嘉庆二十五年夏
知县加一级	张廷铸	山西阳曲人	优贡	《缙绅全书》《中枢备览》道光四年夏
知县加一级	吴家懋	广东番禺人		《缙绅全书》道光七年春
知县加一级	刘　瓛	山东单县人	举人	《缙绅全书》道光十年冬
知县加一级	何志清	湖南桃源人		《缙绅全书》《中枢备览》《光绪大城县志》道光十三年
知县加一级	何志清	湖南桃源人		《缙绅全书》道光十四年春
知县加一级	何志清	湖南桃源人		《缙绅全书》道光十四年夏
知县加一级	何志清	湖南桃源人		《缙绅全书》《中枢备览》道光十六年夏

职官	人名	籍贯	出身	出处及在职时间及在职时间
知县加一级	何志清	湖南桃源人		《缙绅全书》道光十六年秋
知县加一级	何志清	湖南桃源人		《缙绅全书》《中枢备览》道光十六年冬
知县加一级	冀　洪	湖北房县人	拔贡	《缙绅全书》道光十七年秋
知县加一级	冀　洪	湖北房县人	拔贡	《缙绅全书》道光十八年夏
知县加一级	陈炳常	浙江归安人		《缙绅全书》道光二十年秋
知县加一级	陈炳常	浙江归安人		《缙绅全书》道光二十年冬
知县加一级	凌志召	安徽人	举人	《缙绅全书》《中枢备览》道光二十二年春
知县加一级	邹道霖	江苏人	廪贡	《缙绅全书》道光二十二年冬
知县加一级	吴中顺	江苏人	举人	《缙绅全书》道光二十五年夏

职官	人名	籍贯	出身	出处及在职时间及在职时间
知县加一级	吴中顺	江苏人	举人	《缙绅全书》道光二十五年秋
知县加一级	吴中顺	江苏人	举人	《缙绅全书》道光二十七年夏
知县加一级	吴中顺	江苏人	举人	《缙绅全书》道光二十七年秋
知县加一级	吴中顺	江苏镇洋人	举人	《缙绅全书》道光二十八年冬
知县加一级	吴中顺	江苏镇洋人	举人	《缙绅全书》道光二十九年夏
知县加一级	陈廷钧	湖北安陆人	举人	《缙绅全书》《光绪大城县志》咸丰三年夏
知县加一级	吴中顺	江苏镇洋人	举人	《缙绅全书》咸丰四年春
知县加一级	会贯之	贵州安顺人	拔贡	《缙绅全书》咸丰六年春
知县加一级	彭爵麒	安徽怀宁人	举人	《缙绅全书》《光绪大城县志》咸丰八年冬

职官	人名	籍贯	出身	出处及在职时间及在职时间
知县加一级	彭爵麒	安徽怀宁人	举人	《缙绅全书》咸丰九年夏
知县加一级	彭瑞麒	福建人	监生	《缙绅全书》同治四年夏
知县加一级	彭瑞麒	福建人	监生	《缙绅全书》同治八年冬
知县加一级	彭瑞麒	福建崇安人	监生	《缙绅全书》同治九年夏
知县加一级	彭瑞麒	福建崇安人	监生	《缙绅全书》同治九年冬
知县加一级		福建崇安人	监生	《缙绅全书》同治十年春
知县加一级		福建崇安人	监生	《缙绅全书》同治十年夏
知县加一级	庄允端	江苏阳湖人	监生	《缙绅全书》《光绪大城县志》同治十一年夏
知县加一级	庄允端	江苏阳湖人	监生	《缙绅全书》《中枢备览》同治十一年秋

职官	人名	籍贯	出身	出处及在职时间及在职时间
知县加一级	庄允端	江苏阳湖人	监生	《缙绅全书》同治十二年冬
知县加一级	庄允端	江苏阳湖人	监生	《缙绅全书》同治十三年春
知县加一级	庄允端	江苏阳湖人	监生	《缙绅全书》同治十三年秋
知县加一级	庄允端	江苏阳湖人	监生	《缙绅全书》同治十三年冬
知县加一级	庄允端	江苏阳湖人	监生	《缙绅全书》《中枢备览》同治十三年冬
知县加一级	蔡寿臻	浙江桐乡人	监生	《缙绅全书》光绪二年秋
知县加一级	蔡寿臻	浙江桐乡人	监生	《缙绅全书》《中枢备览》《光绪大城县志》光绪三年夏
知县加一级	蔡寿臻	浙江桐乡人	监生	《缙绅全书》《光绪大城县志》光绪三年秋
知县加一级	蔡寿臻	浙江桐乡人	监生	《缙绅全书》《中枢备览》光绪四年秋

职官	人名	籍贯	出身	出处及在职时间及在职时间
知县加一级		浙江桐乡人	监生	《缙绅全书》光绪五年秋
知县加一级	蔡寿臻	浙江桐乡人	监生	《缙绅全书》《中枢备览》光绪五年冬
知县加一级	李均豫	江苏丹徒人	监生	《缙绅全书》《光绪大城县志》光绪七年冬
知县加一级	李均豫	江苏丹徒人	监生	《缙绅全书》光绪八年冬

知　县

职官	人名	籍贯	出身	出处及在职时间及在职时间
知县	张世臣	辽东人		《康熙大城县志》顺治元年《光绪大城县志》
知县	吴治汇	河南裕州人	进士	《康熙大城县志》顺治四年《光绪大城县志》
知县	王来聘	辽东籍宣府人		《康熙大城县志》顺治六年《光绪大城县志》

职官	人名	籍贯	出身	出处及在职时间及在职时间
知县	马腾陛	辽东广宁人	生员	《康熙大城县志》顺治八年 《光绪大城县志》
知县	范发愚	河南河内人	进士	《康熙大城县志》顺治十二年 《光绪大城县志》
知县	杨四端	河南武安人	贡士	《康熙大城县志》顺治十三年 《光绪大城县志》
知县	徐　伸	浙江德清人	贡士	《康熙大城县志》顺治十五年 《光绪大城县志》
知县	李埭文	山西沁水人	进士	《康熙大城县志》康熙五年 《光绪大城县志》
知县	吴　材	福建宁洋籍龙岩人	进士	《康熙大城县志》康熙七年 《光绪大城县志》
知县	张象燦	陕西西安府咸宁人	举人	《康熙大城县志》康熙八年 《光绪大城县志》
知县	王　积			《光绪大城县志》康熙四十八年
知县	谢钟龄		进士	《光绪大城县志》乾隆四年

职官	人名	籍贯	出身	出处及在职时间及在职时间
知县	沈赤然	浙江人		《光绪大城县志》乾隆四年
知县	刘知獬	江西安福人		《缙绅新书》乾隆十三年春
知县	王建中	云南人	拔贡	《缙绅全本》乾隆二十五年冬
知县	王建中	云南人	拔贡	《缙绅全本》乾隆二十六年秋
知县	王建中			《光绪大城县志》乾隆二十七年
知县	张秉铎	甘肃固原人	贡生	《光绪大城县志》乾隆二十八年
知县	狄永宜	江苏人		《爵秩全本》乾隆三十三年秋
知县	张德树	安徽刊门人		《光绪大城县志》乾隆三十七年
知县	乔　峻			《光绪大城县志》乾隆四十五年

职官	人名	籍贯	出身	出处及在职时间及在职时间
知县	李景熙			《光绪大城县志》乾隆四十五年
知县	张　洙	山东诸城人	进士	《光绪大城县志》乾隆四十五年
知县	钱　桂	浙江仁和人	举人	《缙绅全书》嘉庆三年秋
知县	钱　桂	浙江仁和人	举人	《缙绅全书》嘉庆三年冬
知县	吴士泓	江苏元和人	监生	《缙绅全书》嘉庆十一年夏
知县	陈钜钏	浙江山阴人	议叙	《缙绅全书》嘉庆十七年秋
知县	孔昭诚			《光绪大城县志》嘉庆十八年
知县	汪兆霖			《光绪大城县志》嘉庆十九年
知县	汪兆霖	湖北黄冈人	举人	《缙绅全书》（大） 嘉庆二十二年冬

职官	人名	籍贯	出身	出处及在职时间及在职时间
知县	李春华			《光绪大城县志》嘉庆二十五年
知县	阎锦麟	山西保德人	副贡	《光绪大城县志》道光三年
知县	陈　晋			《光绪大城县志》道光三年
知县	欧声振			《光绪大城县志》道光三年
知县	潘化枢			《光绪大城县志》道光四年
知县	吴家懋	广东番禺人	进士	《爵秩全览》《光绪大城县志》道光六年秋
知县	黄育梗			《光绪大城县志》道光七年
知县	刘　巘			《光绪大城县志》道光七年
知县	雷致亨			《光绪大城县志》道光十二年

职官	人名	籍贯	出身	出处及在职时间及在职时间
知县	韩象鼎			《光绪大城县志》道光十七年
知县	冀　洪			《光绪大城县志》道光十七年
知县	丁希陶			《光绪大城县志》道光十九年
知县	陈炳常			《光绪大城县志》道光十九年
知县	冀　洪	湖北房县人	拔贡	《缙绅全书》《爵秩全览》道光十九年夏
知县	许本铨			《光绪大城县志》道光二十一年
知县	凌志召			《光绪大城县志》道光二十一年
知县	倪承弼			《光绪大城县志》道光二十二年
知县	邹道林			《光绪大城县志》道光二十二年

职官	人名	籍贯	出身	出处及在职时间及在职时间
知县	李太仪			《光绪大城县志》道光二十三年
知县	乔邦哲			《光绪大城县志》道光二十三年
知县	姚培基			《光绪大城县志》道光二十三年
知县	俞元霈			《光绪大城县志》道光二十四年
知县	魏尊德			《光绪大城县志》道光二十四年
知县	吴中顺			《光绪大城县志》道光二十四年
知县	吴中顺	江苏人	举人	《爵秩全览》道光二十六年
知县	吴中顺	江苏镇洋人	举人	《爵秩全览》道光二十八年夏
知县	蔡锡申			《光绪大城县志》道光三十年

职官	人名	籍贯	出身	出处及在职时间及在职时间
知县	王应奎			《光绪大城县志》咸丰元年
知县	刘仲锟			《光绪大城县志》咸丰元年
知县				《爵秩全览》咸丰元年夏
知县	王启疆			《光绪大城县志》咸丰二年
知县	陈廷钧	湖北安陆人	举人	《爵秩全览》咸丰二年冬
知县	曾世槐			《光绪大城县志》咸丰三年
知县	石　衡			《光绪大城县志》咸丰三年
知县	刘秉琳			《光绪大城县志》咸丰四年
知县	陈廷钧	湖北安陆人	举人	《缙绅全书》咸丰四年

职官	人名	籍贯	出身	出处及在职时间及在职时间
知县	吴履福			《光绪大城县志》咸丰五年
知县	曾贯之			《光绪大城县志》咸丰五年
知县	许汉芳			《光绪大城县志》咸丰六年
知县	会贯之	贵州安顺人	拔贡	《爵秩全览》咸丰六年春
知县	彭爵麒	安徽怀宁人	举人	《爵秩全览》咸丰六年夏
知县				《爵秩全览》咸丰七年秋
知县	会贯之	贵州安顺人	拔贡	《爵秩全览》咸丰七年冬
知县	高骧云			《光绪大城县志》咸丰九年
知县	倪人垌			《光绪大城县志》咸丰九年

职官	人名	籍贯	出身	出处及在职时间及在职时间
知县	曾世槐			《光绪大城县志》咸丰九年
知县	陈　为			《光绪大城县志》咸丰九年
知县	杨昌江			《光绪大城县志》咸丰九年
知县	陈夑□	浙江钱塘人	监生	《缙绅全书》咸丰十年秋
知县	陈夑□	浙江钱塘人	监生	《缙绅全书》咸丰十年
知县	彭瑞麒			《光绪大城县志》咸丰十一年
知县	张　瀚			《光绪大城县志》同治二年
知县	杨应枚			《光绪大城县志》同治二年

职官	人名	籍贯	出身	出处及在职时间及在职时间
知县	彭瑞麒			《光绪大城县志》同治三年
知县	彭瑞麒	福建人	监生	《缙绅全书》同治五年春
知县	彭瑞麒	福建人	监生	《爵秩全览》同治六年春
知县	彭瑞麒	福建人	监生	《缙绅全书》同治六年春
知县	彭瑞麒	福建人	监生	《缙绅全书》同治六年秋
知县	李　璋			《光绪大城县志》同治八年
知县	彭瑞麒	福建人	监生	《缙绅全书》同治八年春
知县	厉能官			《光绪大城县志》同治九年

职官	人名	籍贯	出身	出处及在职时间及在职时间
知县	彭瑞麒			《光绪大城县志》同治九年
知县	张邦瑞			《光绪大城县志》同治九年
知县	彭瑞麒	福建人	监生	《爵秩全览》同治九年春
知县	彭瑞麒	福建崇安人	监生	《爵秩全览》同治九年秋
知县	庄允端	江苏阳湖人	监生	《爵秩全览》同治十三年夏
知县	庄允端	江苏阳湖人	监生	《爵秩全览》同治十三年冬
知县	冯　玮			《光绪大城县志》光绪元年
知县	庄允端	江苏阳湖人	监生	《爵秩全览》光绪元年夏

职官	人名	籍贯	出身	出处及在职时间及在职时间
知县	庄允端	江苏阳湖人	监生	《爵秩全览》光绪元年秋
知县	管近修			《光绪大城县志》光绪二年
知县	蔡寿臻	浙江桐乡人	监生	《爵秩全览》光绪二年冬
知县	蔡寿臻	浙江桐乡人	监生	《爵秩全览》《光绪大城县志》光绪三年冬
知县	蔡寿臻	浙江桐乡人	监生	《爵秩全览》光绪四年冬
知县	张　钰			《光绪大城县志》光绪五年
知县	萧　焕			《光绪大城县志》光绪五年
知县	张　钰			《光绪大城县志》光绪八年

职官	人名	籍贯	出身	出处及在职时间及在职时间
知县	王益寿			《光绪大城县志》光绪八年
知县	陈寿椿			《光绪大城县志》光绪十年
知县	李均豫	江苏丹徒人	监生	《爵秩全览》光绪十年夏
知县	李均豫	江苏丹徒人	监生	《爵秩全览》光绪十年秋
知县	何其翔			《光绪大城县志》光绪十二年
知县	陈寿椿	浙江会稽人	监生	《爵秩全览》光绪十二年夏
知县	陈寿椿			《光绪大城县志》光绪十三年
知县	陈寿椿	浙江会稽人	监生	《爵秩全览》光绪十三年春
知县	陈寿椿	浙江会稽人	监生	《缙绅全书》光绪十三年冬

职官	人名	籍贯	出身	出处及在职时间及在职时间
知县	陈寿椿	浙江会稽人	监生	《爵秩全览》光绪十四年冬
知县	马序东			《光绪大城县志》光绪十五年
知县	凌道增			《光绪大城县志》光绪十五年
知县	凌道增	安徽定远人	监生	《爵秩全览》光绪十五年秋
知县	凌道增	安徽定远人	监生	《爵秩全览》光绪十五年冬
知县	张兆珏			《光绪大城县志》光绪十六年
知县	林绍清			《光绪大城县志》光绪十六年
知县	凌道增			《光绪大城县志》光绪十六年
知县	凌道增	安徽定远人	监生	《缙绅全书》光绪十六年春

职官	人名	籍贯	出身	出处及在职时间及在职时间
知县	凌道增	安徽定远人	监生	《缙绅全书》光绪十六年冬
知县	刘　峻			《光绪大城县志》光绪十七年
知县	李燕昌			《光绪大城县志》光绪十八年
知县	李燕昌	山东济宁州人	附生	《爵秩全览》光绪十八年春
知县	李燕昌	山东济宁州人	附生	《爵秩全览》光绪十八年秋
知县	李燕昌	山东济宁州人	附生	《爵秩全览》光绪十八年冬
知县	张及第	山西人		《光绪大城县志》光绪十九年
知县	李燕昌	山东济宁州人	附生	《缙绅全书》光绪十九年春

职官	人名	籍贯	出身	出处及在职时间及在职时间
知县	李燕昌	山东济宁州人	附生	《爵秩全览》光绪十九年夏
知县	李燕昌	山东济宁州人	附生	《爵秩全览》光绪十九年秋
知县	李燕昌	山东济宁州人	附生	《缙绅全书》《爵秩全览》光绪十九年冬
知县	王继武			《光绪大城县志》光绪二十年
知县	李燕昌	山东济宁州人	附生	《缙绅全书》《中枢备览》《光绪大城县志》光绪二十年夏
知县	李燕昌	山东济宁州人	附生	《爵秩全览》光绪二十年秋
知县	李燕昌	山东济宁州人	附生	《爵秩全览》光绪二十一年春
知县	李燕昌	山东济宁州人	附生	《爵秩全览》光绪二十一年夏

职官	人名	籍贯	出身	出处及在职时间及在职时间
知县	李燕昌	山东济宁州人	附生	《爵秩全览》光绪二十一年秋
知县	李燕昌	山东济宁州人	附生	《缙绅全书》光绪二十一年冬
知县	韩景儒			《光绪大城县志》光绪二十二年
知县	赵炳文			《光绪大城县志》光绪二十二年
知县	李燕昌	山东济宁州人	附生	《爵秩全览》光绪二十二年春
知县	李燕昌	山东济宁州人	附生	《缙绅全书》光绪二十二年春
知县	李燕昌	山东济宁州人	附生	《爵秩全览》光绪二十二年夏
知县	李燕昌	山东济宁州人	附生	《爵秩全览》光绪二十二年秋
知县	李燕昌	山东济宁州人	附生	《爵秩全览》光绪二十二年冬

职官	人名	籍贯	出身	出处及在职时间及在职时间
知县	徐国桢	江苏吴县人	监生	《缙绅全书》《中枢备览》光绪二十三年秋
知县	徐国桢	江苏吴县人	监生	《爵秩全览》光绪二十三年冬
知县	徐国桢			《光绪大城县志》光绪二十四年
知县	徐国桢	江苏吴县人	监生	《爵秩全览》光绪二十四年春
知县	徐国桢	江苏吴县人	监生	《爵秩全览》光绪二十四年秋
知县	徐国桢	江苏吴县人	监生	《爵秩全览》光绪二十四年冬
知县	徐国桢	江苏吴县人	监生	《缙绅全书》光绪二十四年冬
知县	徐国桢	江苏吴县人	监生	《爵秩全览》光绪二十五年春
知县	徐国桢	江苏吴县人	监生	《缙绅全书》《中枢备览》光绪二十五年春

职官	人名	籍贯	出身	出处及在职时间及在职时间
知县	徐国桢	江苏吴县人	监生	《爵秩全览》光绪二十五年夏
知县	徐国桢	江苏吴县人	监生	《缙绅全书》光绪二十五年夏
知县	徐国桢	江苏吴县人	监生	《爵秩全览》光绪二十五年秋
知县	徐国桢	江苏吴县人	监生	《缙绅全书》《中枢备览》光绪二十五年冬
知县	徐国桢	江苏吴县人	监生	《缙绅全书》《中枢备览》光绪二十六年春
知县	徐国桢	江苏吴县人	监生	《缙绅全书》光绪二十六年夏
知县	徐国桢	江苏吴县人	监生	《爵秩全览》光绪二十六年秋
知县	徐国桢	江苏吴县人	监生	《缙绅全书》光绪二十七年春
知县	吴兆熊	江苏山阳县人	举人	《爵秩全览》光绪二十七年冬

职官	人名	籍贯	出身	出处及在职时间及在职时间
知县		江苏吴县人	监生	《缙绅全书》《中枢备览》光绪二十七年冬
知县	吴兆熊	江苏山阳县人	举人	《爵秩全览》光绪二十八年春
知县	吴兆熊	江苏山阳县人	举人	《缙绅全书》《中枢备览》光绪二十八年夏 《爵秩全览》
知县		江苏山阳县人	举人	《爵秩全览》光绪二十八年秋
知县	邢兆英	浙江山阴人	举人	《缙绅全书》《中枢备览》光绪二十八年冬
知县	邢兆英	浙江山阴县人	吏员	《爵秩全览》光绪二十九年春 《缙绅全书》《中枢备览》
知县	邢兆英	浙江山阴人	举人	《缙绅全书》光绪二十九年夏
知县	邢兆英	浙江山阴人	举人	《爵秩全览》光绪二十九年秋
知县	邢兆英	浙江山阴人	举人	《缙绅全书》《中枢备览》光绪二十九年秋

职官	人名	籍贯	出身	出处及在职时间及在职时间
知县	邢兆英	浙江山阴人	举人	《缙绅全书》《中枢备览》光绪二十九年冬
知县	邢兆英	浙江山阴人	举人	《缙绅全书》《中枢备览》光绪三十年春
知县	邢兆英	浙江山阴人	吏员	《缙绅全书》《中枢备览》光绪三十年夏
知县	毕承缃	湖北江陵人	监生	《缙绅全书》光绪三十年冬
知县	毕承缃	湖北江陵人	监生	《缙绅全书》《中枢备览》光绪三十一年春
知县	毕承缃	湖北江陵人	监生	《爵秩全览》光绪三十一年夏
知县	毕承缃	湖北江陵人	监生	《缙绅全书》《中枢备览》光绪三十一年夏
知县	毕承缃	湖北江陵人	监生	《爵秩全览》光绪三十一年秋

职官	人名	籍贯	出身	出处及在职时间及在职时间
知县	毕承缃	湖北江陵人	监生	《爵秩全览》光绪三十一年冬
知县	毕承缃	湖北江陵人	监生	《爵秩全览》光绪三十二年春
知县	毕承缃	湖北江陵人	监生	《缙绅全书》《中枢备览》光绪三十二年春
知县	毕承缃	湖北江陵人	监生	《缙绅全书》光绪三十二年夏
知县		湖北江陵人	监生	《缙绅全书》光绪三十二年秋
知县	毕承缃	湖北江陵人	监生	《缙绅全书》光绪三十二年冬
知县	毕承缃	湖北江陵人	监生	《爵秩全览》光绪三十二年冬
知县	毕承缃	湖北江陵人	监生	《爵秩全览》光绪三十三年春

职官	人名	籍贯	出身	出处及在职时间及在职时间
知县	毕承缃	湖北江陵人	监生	《缙绅全书》《中枢备览》光绪三十三年夏
知县	毕承缃	湖北江陵人	监生	《爵秩全览》光绪三十三年秋
知县	蒋士楫	江苏无锡人	监生	《爵秩全览》光绪三十四年春
知县	熊济熙	贵州贵阳人	廪贡	《最新百官绿》光绪三十四年春
知县	蒋士楫	江苏无锡人	监生	《爵秩全览》光绪三十四年夏
知县	蒋士楫	江苏无锡人	监生	《爵秩全览》光绪三十四年秋
知县	蒋士楫	江苏无锡人	监生	《爵秩全览》光绪三十四年冬
知县	蒋士楫	江苏无锡人	监生	《爵秩全览》宣统元年春
知县	蒋士楫	江苏无锡人	监生	《爵秩全览》宣统元年夏

职官	人名	籍贯	出身	出处及在职时间及在职时间
知县	蒋士棏	江苏无锡人	监生	《爵秩全览》宣统元年秋
知县	蒋士棏	江苏无锡人	监生	《爵秩全览》宣统元年冬
知县	蒋士棏	江苏无锡人	监生	《缙绅全书》宣统元年冬
知县	蒋士棏	江苏无锡人	监生	《爵秩全览》宣统二年春
知县	蒋士棏	江苏无锡人	监生	《爵秩全览》宣统二年夏
知县	蒋士棏	江苏无锡人	监生	《爵秩全览》宣统二年秋
知县	蒋士棏	江苏无锡人	监生	《爵秩全览》宣统二年冬
知县	蒋士棏	江苏无锡人	监生	《爵秩全览》宣统三年春
知县	蒋士棏	江苏无锡人	监生	《爵秩全览》宣统三年夏

职官	人名	籍贯	出身	出处及在职时间及在职时间
知县	蒋士楫	江苏无锡人	监生	《爵秩全览》宣统三年秋
知县	蒋士楫	江苏无锡人	监生	《职官录》宣统三年冬
知县	蒋士楫	江苏无锡人	监生	《职官录》宣统四年春

游　击

职官	人名	籍贯	出身	出处及在职时间
游击	孙弘福	辽东人	贡士	《康熙大城县志》顺治七年 《光绪大城县志》

阴阳学训术

职官	人名	籍贯	出身	出处及在职时间及在职时间
阴阳学训术	刘守无			《康熙大城县志》 《光绪大城县志》

职官	人名	籍贯	出身	出处及在职时间及在职时间
阴阳学训术	刘世基			《康熙大城县志》 《光绪大城县志》

医学训科

职官	人名	籍贯	出身	出处及在职时间及在职时间
医学训科	温　基			《康熙大城县志》 《光绪大城县志》

训　导

职官	人名	籍贯	出身	出处及在职时间及在职时间
训导	阎绍美	永宁人	岁贡	《康熙大城县志》顺治四年 《光绪大城县志》
训导	纪国典	开平卫人	岁贡	《康熙大城县志》顺治八年 《光绪大城县志》

职官	人名	籍贯	出身	出处及在职时间及在职时间
训导	王　瑾	饶阳人	岁贡	《康熙大城县志》顺治十三年 《光绪大城县志》
训导	毛应麟	长垣人	岁贡	《康熙大城县志》顺治十七年 《光绪大城县志》
训导	赫　皎	奉天人	岁贡	《光绪大城县志》康熙三十二年
训导	鹿廷芳			《光绪大城县志》嘉庆二十年
训导	邹　钧	广昌县人	廪贡	《光绪大城县志》道光四年
训导	李元几	任县人	廪贡	《光绪大城县志》道光八年
训导	魏振科	柏乡人	岁贡	《光绪大城县志》道光八年
训导	彭　沐	蠡县人	举人	《光绪大城县志》道光十年
训导	于之翕	东光人	廪贡	《光绪大城县志》道光十八年

职官	人名	籍贯	出身	出处及在职时间及在职时间
训导	陈允治	青县人	廪贡	《光绪大城县志》道光十九年
训导	张鹏程	阜平人	廪贡	《光绪大城县志》道光二十二年
训导	潘文会	南皮人	举人	《光绪大城县志》道光二十二年
训导	高树雨	东光人	举人	《光绪大城县志》道光二十六年
训导	张文田	保定人	岁贡	《缙绅全书》同治六年春
训导	唐殿华	清苑人	廪贡	《光绪大城县志》同治七年
训导	宫毓椿	南皮人	廪贡	《光绪大城县志》同治七年
训导	李绍源	阜城人	廪贡	《光绪大城县志》同治七年
训导	闪连仲	大名人	廪贡	《光绪大城县志》同治七年

职官	人名	籍贯	出身	出处及在职时间及在职时间
训导	李廷振	丰润人	廪贡	《光绪大城县志》光绪元年
训导	宫毓椿	南皮人	廪贡	《光绪大城县志》光绪元年
训导	李升廷	唐山人	岁贡	《光绪大城县志》光绪七年
训导	洪昌凤	汉军厢黄旗人	廪贡	《光绪大城县志》光绪八年
训导	张福堂	乐亭人	廪贡	《光绪大城县志》光绪十年

丞兼管河巡检事

职官	人名	籍贯	出身	出处及在职时间及在职时间
县丞兼管河巡检事	夏会进	湖南人	监生	《缙绅全书》嘉庆元年春
县丞兼管河巡检事	高　琏	束鹿人	举人	《缙绅全书》嘉庆二年冬

职官	人名	籍贯	出身	出处及在职时间及在职时间
县丞兼管河巡检事	张祥麟	江苏吴县人	监生	《缙绅全书》嘉庆三年秋
县丞兼管河巡检事	张祥麟	江苏吴县人	监生	《缙绅全书》嘉庆三年冬
县丞兼管河巡检事	张祥麟	江苏吴县人	监生	《缙绅全书》嘉庆五年冬
县丞兼管河巡检事	韩　曾	江苏江宁人	议叙	《缙绅全书》嘉庆九年春
县丞兼管河巡检事	赵森元	浙江仁和人	监生	《缙绅全书》《中枢备览》嘉庆十一年春
县丞兼管河巡检事	赵森元	浙江仁和人	监生	《缙绅全书》嘉庆十一年夏
县丞兼管河巡检事	孙昭诚	山东曲阜人	监生	《缙绅全书》嘉庆十七年秋
县丞兼管河巡检事	宋道熥	安徽芜湖人	监生	《缙绅全书》道光十六年秋
县丞兼管河巡检事	宋道熥	安徽芜湖人	监生	《缙绅全书》《中枢备览》道光十六年冬

职官	人名	籍贯	出身	出处及在职时间及在职时间
县丞兼管河巡检事	宋道熥	安徽芜湖人	监生	《缙绅全书》道光十七年秋
县丞兼管河巡检事	宋道熥	安徽芜湖人	监生	《缙绅全书》道光十八年夏

县丞兼管河巡检

职官	人名	籍贯	出身	出处及在职时间及在职时间
县丞兼管河巡检	宋道熥	安徽芜湖人	监生	《缙绅全书》道光七年春

县丞管巡检事加一级

职官	人名	籍贯	出身	出处及在职时间及在职时间
县丞管巡检事加一级	吴贻诚	安徽桐城人	监生	《缙绅全书》乾隆三十年春

县丞管河兼巡检事

职官	人名	籍贯	出身	出处及在职时间及在职时间
县丞管河兼巡检事	粟辉楚	湖南长沙人	监生	《缙绅全书》道光二十年冬
县丞管河兼巡检事	章　溥	浙江会稽人	议叙	《缙绅全书》《中枢备览》道光二十二年春
县丞管河兼巡检事	章溥	浙江会稽人	议叙	《缙绅全书》道光二十二年冬
县丞管河兼巡检事	章　溥	浙江会稽人	议叙	《缙绅全书》道光二十五年夏
县丞管河兼巡检事	章　溥	浙江会稽人	议叙	《缙绅全书》道光二十五年秋
县丞管河兼巡检事	钟　沅	浙江萧山人	监生	《缙绅全书》道光二十七年夏
县丞管河兼巡检事	钟　沅	浙江萧山人	监生	《缙绅全书》道光二十七年秋

职官	人名	籍贯	出身	出处及在职时间及在职时间
县丞管河兼巡检事	孙德祐	浙江山阴人	议叙	《缙绅全书》同治四年夏
县丞管河兼巡检事	孙德祐	浙江山阴人	议叙	《缙绅全书》同治五年春
县丞管河兼巡检事	孙德祐	浙江山阴人	议叙	《缙绅全书》同治六年秋
县丞管河兼巡检事	孙德祐	浙江山阴人	议叙	《缙绅全书》同治八年春
县丞管河兼巡检事	孙德祐	浙江山阴人	议叙	《缙绅全书》同治八年冬
县丞管河兼巡检事	孙德祐	浙江山阴人	议叙	《缙绅全书》同治九年夏
县丞管河兼巡检事	孙德祐	浙江山阴人	议叙	《爵秩全览》同治九年秋
县丞管河兼巡检事	孙德祐	浙江山阴人	议叙	《缙绅全书》同治九年冬
县丞管河兼巡检事	凌夔□	安徽定远人	监生	《缙绅全书》同治十年春

职官	人名	籍贯	出身	出处及在职时间及在职时间
县丞管河兼巡检事	凌燮□	安徽定远人	监生	《缙绅全书》同治十年夏
县丞管河兼巡检事	朱锡嘏	江苏吴县人	监生	《缙绅全书》同治十一年夏
县丞管河兼巡检事	孙德祐	江苏吴县人	监生	《缙绅全书》《中枢备览》同治十一年秋
县丞管河兼巡检事	余昌寿	江苏甘泉人	监生	《缙绅全书》同治十二年冬
县丞管河兼巡检事	赵兴藻	江苏阳湖人	监生	《缙绅全书》光绪七年冬
县丞管河兼巡检事	赵兴藻	江苏阳湖人	监生	《缙绅全书》光绪八年冬
县丞管河兼巡检事	赵兴藻	江苏阳湖人	监生	《爵秩全览》光绪十年夏
县丞管河兼巡检事	赵兴藻	江苏阳湖人	监生	《爵秩全览》光绪十年秋
县丞管河兼巡检事	赵兴藻	江苏阳湖人	监生	《爵秩全览》光绪十一年春

职官	人名	籍贯	出身	出处及在职时间及在职时间
县丞管河兼巡检事	赵兴藻	江苏阳湖人	监生	《爵秩全览》光绪十一年夏
县丞管河兼巡检事	赵兴藻	江苏阳湖人	监生	《爵秩全览》光绪十一年秋
县丞管河兼巡检事	宋慎怀	河南武陟县人	监生	《爵秩全览》光绪十五年冬

县丞管河兼巡检

职官	人名	籍贯	出身	出处及在职时间及在职时间
县丞管河兼巡检	冯文焕	浙江平湖人	议叙	《缙绅全书》道光十年冬
县丞管河兼巡检	冯文焕	浙江平湖人	议教	《缙绅全书》《中枢备览》道光十三年夏
县丞管河兼巡检	冯文焕	浙江平湖人	议教	《缙绅全书》道光十四年春
县丞管河兼巡检	冯文焕	浙江平湖人	议教	《缙绅全书》道光十四年夏

职官	人名	籍贯	出身	出处及在职时间及在职时间
县丞管河兼巡检	宋道煝	安徽芜湖人	监生	《缙绅全书》《中枢备览》道光十六年夏
县丞管河兼巡检	钟　沅	浙江萧山人	监生	《缙绅全书》道光二十八年冬
县丞管河兼巡检	钟　沅	浙江萧山人	监生	《缙绅全书》道光二十九年夏
县丞管河兼巡检		浙江会稽人	议叙	《缙绅全书》咸丰四年春
县丞管河兼巡检	钟　沅	浙江萧山人	监生	《缙绅全书》咸丰四年
县丞管河兼巡检	钟　沅	浙江萧山人	监生	《缙绅全书》咸丰六年春
县丞管河兼巡检	朱埙和	江苏上元人	监生	《缙绅全书》咸丰八年冬
县丞管河兼巡检		江苏上元人	监生	《缙绅全书》咸丰九年夏
县丞管河兼巡检	孙德祐	浙江山阴人	供事	《缙绅全书》咸丰十年秋

职官	人名	籍贯	出身	出处及在职时间及在职时间
县丞管河兼巡检	孙德祐	浙江山阴人	供事	《缙绅全书》咸丰十年

县丞管营河巡检事加一级

职官	人名	籍贯	出身	出处及在职时间及在职时间
县丞管营河巡检事加一级	闻声榆	湖北人	副榜	《缙绅全书》《中枢备览》乾隆四十二年秋

县丞管营河巡检事

职官	人名	籍贯	出身	出处及在职时间及在职时间
县丞管营河巡检事	杨　照	福建邵武人	监生	《缙绅全书》《中枢备览》乾隆五十三年春
县丞管营河巡检事	沈　球	浙江嘉兴人	监生	《缙绅全书》嘉庆二十一年冬

职官	人名	籍贯	出身	出处及在职时间及在职时间
县丞管营河巡检事	沈　球	浙江嘉兴人	监生	《缙绅全书》嘉庆二十二年春
县丞管营河巡检事	沈　球	浙江嘉兴人	监生	《缙绅全书》（大） 嘉庆二十二年冬 《缙绅全书》（小）
县丞管营河巡检事	沈　球	浙江嘉兴人	监生	《缙绅全书》嘉庆二十五年夏
县丞管营河巡检事	张寿恭	江苏如皋人	监生	《缙绅全书》《中枢备览》道光四年夏
县丞管营河巡检事	张寿恭	江苏如皋人	监生	《缙绅全书》道光四年夏
县丞管营河巡检事	宋道熥	安徽芜湖人	监生	《爵秩全览》道光六年秋

县　丞

职官	人名	籍贯	出身	出处及在职时间及在职时间
县丞	吴贻诚	安徽桐城人	监生	《光绪大城县志》乾隆二十九年

职官	人名	籍贯	出身	出处及在职时间及在职时间
县丞	沈　球			《光绪大城县志》嘉庆二十年
县丞	张寿恭			《光绪大城县志》道光三年
县丞	宋道熥			《光绪大城县志》道光四年
县丞	冯文焕			《光绪大城县志》道光十年
县丞	章　溥			《光绪大城县志》道光二十一年
县丞	沈士樾			《光绪大城县志》道光二十六年
县丞	钟　沅			《光绪大城县志》道光二十七年
县丞	金贤良	山东汶上人		《光绪大城县志》咸丰二年
县丞	刘瀚文			《光绪大城县志》咸丰三年

职官	人名	籍贯	出身	出处及在职时间及在职时间
县丞	俞维治	浙江山阴人		《光绪大城县志》咸丰四年
县丞	许　忠	江苏吴县人		《光绪大城县志》咸丰四年
县丞	周　翊	江苏涞阳人		《光绪大城县志》咸丰五年
县丞	唐成敨	江苏江都人		《光绪大城县志》咸丰五年
县丞	沈秉炤			《光绪大城县志》咸丰七年
县丞	王佐均			《光绪大城县志》咸丰八年
县丞	罗继勋	浙江会稽人		《光绪大城县志》咸丰八年
县丞	蒋寿畴	江苏元和人		《光绪大城县志》咸丰九年
县丞	孙德佑	浙江山阴人		《光绪大城县志》咸丰九年

职官	人名	籍贯	出身	出处及在职时间及在职时间
县丞	潘　枚			《光绪大城县志》同治八年
县丞	凌　夔			《光绪大城县志》同治九年
县丞	张庆奎			《光绪大城县志》同治十一年
县丞	余寿昌	江苏扬州府甘泉人		《光绪大城县志》同治十二年
县丞	宝　垣			《光绪大城县志》光绪五年
县丞	赵兴藻			《光绪大城县志》光绪六年
县丞	何　锐	安徽怀宁人		《光绪大城县志》光绪七年
县丞	冯永春	浙江山阴人		《光绪大城县志》光绪七年

职官	人名	籍贯	出身	出处及在职时间及在职时间
县丞	戴作哲	安徽婺源人		《光绪大城县志》光绪七年
县丞	刘毓彦	江苏武进人		《光绪大城县志》光绪九年
县丞	章兆玉	安徽桐城人		《光绪大城县志》光绪十年
县丞	饶达权	安徽旌德人		《光绪大城县志》光绪十年
县丞	吴廷钜	江苏丹徒人		《光绪大城县志》光绪十年
县丞	许成允	江苏吴县人		《光绪大城县志》光绪十四年
县丞	宋慎讓	河南武陟人		《光绪大城县志》光绪十五年
县丞	张　沅	浙江山阴人		《光绪大城县志》光绪二十一年

职官	人名	籍贯	出身	出处及在职时间及在职时间
县丞	何　权	河南扶沟人		《光绪大城县志》光绪二十三年

同知知县

职官	人名	籍贯	出身	出处及在职时间及在职时间
同知知县	陈寿椿	浙江会稽人	监生	《缙绅全书》光绪十二年秋
同知知县	陈寿椿	浙江会稽人	监生	《缙绅全书》《中枢备览》光绪十三年夏

守　备

职官	人名	籍贯	出身	出处及在职时间
守备	闻仲科	天津卫人	行伍	《康熙大城县志》顺治七年 《光绪大城县志》

职官	人名	籍贯	出身	出处及在职时间及在职时间
守备	王之盛	京卫人	将材	《康熙大城县志》顺治十二年 《光绪大城县志》
守备	董孔教	直隶梁城所人	将材	《康熙大城县志》顺治十四年 《光绪大城县志》
守备	焦乃善	顺天人	武进士	《康熙大城县志》顺治十七年 《光绪大城县志》
守备	陈良弼	顺天大兴人	将材	《康熙大城县志》康熙九年 《光绪大城县志》

升用四路同知知县

职官	人名	籍贯	出身	出处及在职时间及在职时间
升用四路同知知县	陈寿椿	浙江会稽人	监生	《缙绅全书》光绪十四年夏

僧会司僧会

职官	人名	籍贯	出身	出处及在职时间及在职时间
僧会司僧会	明　珠			《光绪大城县志》康熙四十一年
备注：住持四岳村存留寺。				
僧会司僧会	净　禅			《光绪大城县志》康熙四十六年
备注：住持四岳村存留寺。				
僧会司僧会	智　广			《光绪大城县志》康熙五十六年
备注：住持西子牙太公庙。				
僧会司僧会	德　儒			《光绪大城县志》康熙五十九年
备注：住持西子牙龙泉寺。				

职官	人名	籍贯	出身	出处及在职时间及在职时间
僧会司僧会	性　静			《光绪大城县志》乾隆五年
备注：住持西子牙太公庙。				
僧会司僧会	性　空			《光绪大城县志》乾隆二十九年
备注：住持西子牙太公庙。				
僧会司僧会	福　恒			《光绪大城县志》嘉庆十年
备注：住持西子牙太公庙。				
僧会司僧会	蕴　空			《光绪大城县志》嘉庆二十二年
备注：住持辛章关帝庙。				
僧会司僧会	妙　达			《光绪大城县志》道光九年
备注：住持庄娘娘庙。				

<table>
<tr><th>职官</th><th>人名</th><th>籍贯</th><th>出身</th><th>出处及在职时间及在职时间</th></tr>
<tr><td>僧会司僧会</td><td>行　泰</td><td></td><td></td><td>《光绪大城县志》道光十七年</td></tr>
<tr><td colspan="5">备注：住持王口禅林寺。</td></tr>
<tr><td>僧会司僧会</td><td>行　德</td><td></td><td></td><td>《光绪大城县志》光绪年间</td></tr>
<tr><td colspan="5">备注：住持王口禅林寺。</td></tr>
<tr><td>僧会司僧会</td><td>性　江</td><td></td><td></td><td>《康熙大城县志》
《光绪大城县志》</td></tr>
<tr><td>僧会司僧会</td><td>真　江</td><td></td><td></td><td>《康熙大城县志》
《光绪大城县志》</td></tr>
<tr><td>僧会司僧会</td><td>玅　江</td><td></td><td></td><td>《康熙大城县志》
《光绪大城县志》</td></tr>
<tr><td>僧会司僧会</td><td>海　宝</td><td></td><td></td><td>《康熙大城县志》
《光绪大城县志》</td></tr>
<tr><td>僧会司僧会</td><td>性　乐</td><td></td><td></td><td>《康熙大城县志》
《光绪大城县志》</td></tr>
</table>

千　总

职官	人名	籍贯	出身	出处及在职时间及在职时间
千总	王得善	天津人	行伍	《光绪大城县志》
千总	许万隆	天津人		《光绪大城县志》

吏目管典史事加一级

职官	人名	籍贯	出身	出处及在职时间
吏目管典史事加一级	张　栋	江西南昌人		《爵秩全本》乾隆三十年冬

吏目管典史事

职官	人名	籍贯	出身	出处及在职时间及在职时间
吏目管典史事	张　栋	江西南昌人		《爵秩全本》乾隆三十三年秋

教谕训导

职官	人名	籍贯	出身	出处及在职时间及在职时间
教谕训导	张文田	保定人	岁贡	《缙绅全书》同治六年秋

教　谕

职官	人名	籍贯	出身	出处及在职时间及在职时间
教谕	张广业	行唐人	岁贡	《康熙大城县志》顺治四年 《光绪大城县志》

职官	人名	籍贯	出身	出处及在职时间及在职时间
教谕	魏三台	安州人	岁贡	《康熙大城县志》顺治七年 《光绪大城县志》
教谕	杨　玹	新安人	岁贡	《康熙大城县志》顺治十一年 《光绪大城县志》
教谕	王时雍	深州人	岁贡	《康熙大城县志》顺治十五年 《光绪大城县志》
教谕	王嘉言	直隶延庆卫人		《康熙大城县志》康熙四年 《光绪大城县志》
教谕	曲　俊	故城人	举人	《光绪大城县志》康熙三十二年
教谕	崔階元	大名人		《光绪大城县志》康熙三十六年
教谕	程可法	抚宁人		《缙绅新书》乾隆十三年春
教谕	张赐绶	宁津人	举人	《缙绅全本》乾隆二十五年冬
教谕	张赐绶	宁津人	举人	《缙绅全本》乾隆二十六年秋

职官	人名	籍贯	出身	出处及在职时间及在职时间
教谕	曲　俊	故城人	举人	《缙绅全书》乾隆三十年春
教谕	曲　俊	故城人	举人	《爵秩全本》乾隆三十年冬
教谕	曲　俊	故城人	举人	《爵秩全本》乾隆三十三年秋
教谕	王敬业	保安人	举人	《缙绅全书》《中枢备览》乾隆四十二年秋
教谕	杨毓灵	成安人	举人	《缙绅全书》《中枢备览》乾隆五十三年春
教谕	高　琏	束鹿人	举人	《缙绅全书》嘉庆元年春
教谕	张祥麟	江苏吴县人	监生	《缙绅全书》嘉庆二年冬
教谕	高　琏	束鹿人	举人	《缙绅全书》嘉庆三年秋
教谕	高　琏	束鹿人	举人	《缙绅全书》嘉庆三年冬

职官	人名	籍贯	出身	出处及在职时间及在职时间
教谕	高　琏	束鹿人	举人	《缙绅全书》嘉庆五年冬
教谕	王渠成	开州人	廪生	《缙绅全书》嘉庆九年春
教谕	王渠成	开州人	廪生	《缙绅全书》《中枢备览》嘉庆十一年春
教谕	王渠成	开州人	廪生	《缙绅全书》嘉庆十一年夏
教谕	王渠成	开州人	廪生	《缙绅全书》嘉庆十七年秋
教谕	王㮾成			《光绪大城县志》嘉庆十九年
教谕	解　坫			《光绪大城县志》嘉庆二十年
教谕	鹿廷芳			《光绪大城县志》嘉庆二十年
教谕	鹿廷芳	保定人	举人	《缙绅全书》嘉庆二十一年冬

职官	人名	籍贯	出身	出处及在职时间及在职时间
教谕	鹿廷芳	保定人	举人	《缙绅全书》嘉庆二十二年春
教谕	鹿廷芳	保定人	举人	《缙绅全书》（大）《缙绅全书》（小）嘉庆二十二年冬
教谕	鹿廷芳	保定人	举人	《缙绅全书》嘉庆二十五年夏
教谕	杨　兰			《光绪大城县志》道光四年
教谕	鹿廷芳	保定人	举人	《缙绅全书》《中枢备览》道光四年夏
教谕	鹿廷芳	保定人	举人	《缙绅全书》道光四年夏
教谕	鹿廷芳	保定人	举人	《爵秩全览》道光六年秋
教谕	鹿廷芳	保定人	举人	《缙绅全书》道光七年春
教谕	王铭祖	深州人	贡生	《光绪大城县志》道光十年

职官	人名	籍贯	出身	出处及在职时间及在职时间
教谕	鹿廷芳	保定府人	举人	《缙绅全书》道光十年冬
教谕	鹿廷芳	保定人	举人	《缙绅全书》《中枢备览》道光十三年夏
教谕	鹿廷芳	保定府人	举人	《缙绅全书》道光十四年春
教谕	鹿廷芳	保定府人	举人	《缙绅全书》道光十四年夏
教谕	鹿廷芳	保定府人	举人	《缙绅全书》《中枢备览》道光十六年夏
教谕	鹿廷芳	保定人	举人	《缙绅全书》道光十六年秋
教谕	鹿廷芳	保定人	举人	《缙绅全书》《中枢备览》道光十六年冬
教谕	鹿廷芳	保定人	举人	《缙绅全书》道光十七年秋
教谕	鹿廷芳	保定人	举人	《缙绅全书》道光十八年夏

职官	人名	籍贯	出身	出处及在职时间及在职时间
教谕	王文炳	河间人	举人	《光绪大城县志》道光十九年
教谕	刘振声	庆云人	举人	《光绪大城县志》道光十九年
教谕	鹿廷芳	保定人	举人	《缙绅全书》《爵秩全览》道光十九年夏
教谕	刘振声	天津人	举人	《缙绅全书》道光二十年秋
教谕	刘振声	天津人	举人	《缙绅全书》道光二十年冬
教谕	刘振生	天津人	举人	《缙绅全书》《中枢备览》道光二十二年春
教谕	刘振生	天津人	举人	《缙绅全书》道光二十二年冬
教谕	刘有寿	南皮人	举人	《光绪大城县志》道光二十三年
教谕	李载庚	怀安人	举人	《光绪大城县志》道光二十三年

职官	人名	籍贯	出身	出处及在职时间及在职时间
教谕	李　煌	宣化府人	举人	《缙绅全书》道光二十五年夏
教谕	李　煌	宣化府人	举人	《缙绅全书》道光二十五年秋
教谕	李　煌	宣化府人	举人	《爵秩全览》道光二十六年
教谕	张文田	保定府安州人	岁贡	《光绪大城县志》道光二十七年
教谕	李　煌	宣化府人	举人	《缙绅全书》道光二十七年夏
教谕	李　煌	宣化府人	举人	《缙绅全书》道光二十七年秋
教谕	李　煌	宣化府人	举人	《爵秩全览》道光二十八年夏
教谕	李　煌	宣化府人	举人	《缙绅全书》道光二十八年冬
教谕	李载庚	宣化府人	举人	《缙绅全书》道光二十九年夏

职官	人名	籍贯	出身	出处及在职时间及在职时间
教谕	李载庚	宣化府人	举人	《爵秩全览》咸丰元年夏
教谕	李载庚	宣化府人	举人	《爵秩全览》咸丰二年冬
教谕	李载庚	宣化府人	举人	《缙绅全书》咸丰三年夏
教谕	李　煌	宣化府人	举人	《缙绅全书》咸丰四年春
教谕	李载庚	宣化府人	举人	《缙绅全书》咸丰四年
教谕	李载庚	宣化府人	举人	《爵秩全览》咸丰六年春
教谕	李载庚	宣化府人	举人	《缙绅全书》咸丰六年春
教谕	李载庚	宣化府人	举人	《爵秩全览》咸丰六年夏
教谕	李载庚	宣化府人	举人	《爵秩全览》咸丰七年秋

职官	人名	籍贯	出身	出处及在职时间及在职时间
教谕	李载庚	宣化府人	举人	《爵秩全览》咸丰七年冬
教谕	李载庚	宣化府人	举人	《缙绅全书》咸丰八年冬
教谕	李载庚	宣化府人	举人	《缙绅全书》咸丰九年夏
教谕	李载庚	宣化府人	举人	《缙绅全书》咸丰十年秋
教谕	李载庚	宣化府人	举人	《缙绅全书》咸丰十年
教谕	李载庚	宣化府人	举人	《缙绅全书》同治四年夏
教谕	李载庚	宣化府人	举人	《缙绅全书》同治五年春
教谕	李振镛	易州人	廪贡	《光绪大城县志》同治六年
教谕	李载庚	宣化府人	举人	《爵秩全览》同治六年春

职官	人名	籍贯	出身	出处及在职时间及在职时间
教谕	李载庚	宣化府人	举人	《缙绅全书》同治六年春
教谕	李载庚	宣化府人	举人	《缙绅全书》同治六年秋
教谕	唐文智	遵化人	举人	《光绪大城县志》同治七年
教谕	唐文智	遵化人	举人	《缙绅全书》同治八年春
教谕	唐文治	遵化人	举人	《缙绅全书》同治八年冬
教谕	唐文智	遵化人	举人	《爵秩全览》同治九年春
教谕	唐文治	遵化人	举人	《缙绅全书》同治九年夏
教谕	唐文治	遵化人	举人	《爵秩全览》同治九年秋
教谕	唐文治	遵化人	举人	《缙绅全书》同治九年冬

职官	人名	籍贯	出身	出处及在职时间及在职时间
教谕	唐文治	遵化人	举人	《缙绅全书》同治十年春
教谕	唐文治	遵化人	举人	《缙绅全书》同治十年夏
教谕	唐文治	遵化人	举人	《缙绅全书》同治十一年夏
教谕	唐文治	遵化人	举人	《缙绅全书》《中枢备览》同治十一年秋
教谕	唐文治	遵化人	举人	《缙绅全书》同治十二年冬
教谕	唐文治	遵化人	举人	《缙绅全书》同治十三年春
教谕	唐文治	遵化人	举人	《爵秩全览》同治十三年夏
教谕	唐文治	遵化人	举人	《缙绅全书》同治十三年秋
教谕	唐文治	遵化人	举人	《缙绅全书》同治十三年冬

职官	人名	籍贯	出身	出处及在职时间及在职时间
教谕	唐文治	遵化人	举人	《爵秩全览》同治十三年冬
教谕	唐文治	遵化人	举人	《缙绅全书》《中枢备览》同治十三年冬
教谕	唐文治	遵化人	举人	《爵秩全览》光绪元年夏
教谕	唐文治	遵化人	举人	《爵秩全览》光绪元年秋
教谕	唐文治	遵化人	举人	《缙绅全书》光绪二年秋
教谕	唐文治	遵化人	举人	《爵秩全览》光绪二年冬
教谕	唐文治	遵化人	举人	《缙绅全书》《中枢备览》光绪三年夏
教谕	唐文治	遵化人	举人	《缙绅全书》光绪三年秋
教谕	唐文治	遵化人	举人	《爵秩全览》光绪三年冬

职官	人名	籍贯	出身	出处及在职时间及在职时间
教谕	唐文治	遵化人	举人	《缙绅全书》《中枢备览》光绪四年秋
教谕	唐文治	遵化人	举人	《爵秩全览》光绪四年冬
教谕	唐文治	遵化人	举人	《缙绅全书》光绪五年秋
教谕	唐文治	遵化人	举人	《缙绅全书》《中枢备览》光绪五年冬
教谕	唐文治	遵化人	举人	《缙绅全书》光绪七年冬
教谕	唐文治	遵化人	举人	《缙绅全书》光绪八年冬
教谕	卜振邦	赵州人	举人	《光绪大城县志》光绪九年
教谕	范陈书		举人	《光绪大城县志》光绪十年
教谕	范陈书	河间人	举人	《爵秩全览》光绪十年夏

职官	人名	籍贯	出身	出处及在职时间及在职时间
教谕	范陈书	河间人	举人	《爵秩全览》光绪十年秋
教谕	文　治	邢台人	岁贡	《光绪大城县志》光绪十一年
教谕	李凤岗	東鹿人	举人	《光绪大城县志》光绪十一年
教谕	范陈书	河间人	举人	《爵秩全览》光绪十一年春
教谕	范陈书	河间人	举人	《爵秩全览》光绪十一年夏
教谕	王鼎元	永平府人	举人	《爵秩全览》光绪十一年秋
教谕	李凤冈	保定府人	举人	《爵秩全览》光绪十二年夏
教谕	李凤冈	保定府人	举人	《缙绅全书》光绪十二年秋
教谕	李凤冈	保定府人	举人	《爵秩全览》光绪十三年春

职官	人名	籍贯	出身	出处及在职时间及在职时间
教谕	李凤冈	保定府人	举人	《缙绅全书》《中枢备览》光绪十三年夏
教谕	李凤冈	保定府人	举人	《缙绅全书》光绪十三年冬
教谕	李凤冈	保定府人	举人	《缙绅全书》光绪十四年夏
教谕	李凤冈	保定府人	举人	《爵秩全览》光绪十四年冬
教谕	李凤冈	保定府人	举人	《爵秩全览》光绪十五年夏
教谕	李凤冈	保定府人	举人	《爵秩全览》光绪十五年秋
教谕	李凤冈	保定府人	举人	《爵秩全览》光绪十五年冬
教谕	李凤冈	保定府人	举人	《缙绅全书》光绪十六年春
教谕	李凤冈	保定府人	举人	《缙绅全书》光绪十六年冬

职官	人名	籍贯	出身	出处及在职时间及在职时间
教谕	李凤冈	保定府人	举人	《爵秩全览》光绪十八年春
教谕	李凤冈	保定府人	举人	《爵秩全览》光绪十八年秋
教谕	李凤冈	保定府人	举人	《爵秩全览》光绪十八年冬
教谕	李凤冈	保定府人	举人	《缙绅全书》光绪十九年春
教谕	李凤冈	保定府人	举人	《爵秩全览》光绪十九年夏
教谕	李凤冈	保定府人	举人	《爵秩全览》光绪十九年秋
教谕	李凤岗	保定人	举人	《缙绅全书》《爵秩全览》光绪十九年冬
教谕	李凤冈	保定人	举人	《缙绅全书》《中枢备览》光绪二十年夏
教谕	李凤冈	保定府人	举人	《爵秩全览》光绪二十年秋

职官	人名	籍贯	出身	出处及在职时间及在职时间
教谕	张鹏年	青县人	举人	《光绪大城县志》光绪二十一年
教谕	高　桂	武安人	拔贡举人	《光绪大城县志》光绪二十一年
教谕	李凤冈	保定府人	举人	《爵秩全览》光绪二十一年春
教谕	李凤冈	保定府人	举人	《爵秩全览》光绪二十一年夏
教谕	李凤冈	保定府人	举人	《爵秩全览》光绪二十一年秋
教谕	高　桂	广平人	举人	《缙绅全书》光绪二十一年冬
教谕	高　桂	广平府人	举人	《爵秩全览》光绪二十二年春
教谕	高　桂	广平人	举人	《缙绅全书》光绪二十二年春
教谕	高　桂	广平府人	举人	《爵秩全览》光绪二十二年夏

职官	人名	籍贯	出身	出处及在职时间及在职时间
教谕	高　桂	广平府人	举人	《爵秩全览》光绪二十二年秋
教谕	高　桂	广平府人	举人	《爵秩全览》光绪二十二年冬
教谕	高　桂	广平府人	举人	《爵秩全览》光绪二十三年夏
教谕	高　桂	广平人	举人	《缙绅全书》《中枢备览》光绪二十三年秋
教谕	高　桂	广平府人	举人	《爵秩全览》光绪二十三年冬
教谕	鹿旬理			《光绪大城县志》光绪二十四年
教谕	高　桂	广平府人	举人	《爵秩全览》光绪二十四年春
教谕	高　桂	广平府人	举人	《爵秩全览》光绪二十四年秋
教谕	赵文楷	永平府人	举人	《爵秩全览》光绪二十四年冬

职官	人名	籍贯	出身	出处及在职时间及在职时间
教谕	赵文楷	永平府人	举人	《缙绅全书》光绪二十四年冬
教谕	赵文楷	永平府人	举人	《爵秩全览》光绪二十五年春
教谕	赵文楷	永平府人	举人	《缙绅全书》《中枢备览》光绪二十五年春
教谕	赵文楷	永平府人	举人	《爵秩全览》光绪二十五年夏
教谕	赵文楷	永平人	举人	《缙绅全书》光绪二十五年夏
教谕	赵文楷	永平人	举人	《爵秩全览》光绪二十五年秋
教谕	赵文楷	永平人	举人	《缙绅全书》《中枢备览》光绪二十五年冬
教谕	赵文楷	永平人	举人	《缙绅全书》《中枢备览》光绪二十六年春
教谕	赵文楷	永平人	举人	《缙绅全书》光绪二十六年夏

职官	人名	籍贯	出身	出处及在职时间及在职时间
教谕	赵文楷	永平人	举人	《爵秩全览》光绪二十六年秋
教谕	赵文楷	永平人	举人	《缙绅全书》光绪二十七年春
教谕	赵文楷	永平人	举人	《爵秩全览》光绪二十七年冬
教谕	赵文楷	永平人	举人	《缙绅全书》《中枢备览》光绪二十七年冬
教谕	赵文楷	永平人	举人	《爵秩全览》光绪二十八年春
教谕	赵文楷	永平人	举人	《缙绅全书》《中枢备览》《爵秩全览》光绪二十八年夏
教谕	赵文楷	永平人	举人	《爵秩全览》光绪二十八年秋
教谕	赵文楷	永平人	举人	《缙绅全书》《中枢备览》光绪二十八年冬
教谕	赵文楷	永平人	举人	《爵秩全览》《缙绅全书》《中枢备览》光绪二十九年春

职官	人名	籍贯	出身	出处及在职时间及在职时间
教谕	赵文楷	永平人	举人	《缙绅全书》光绪二十九年夏
教谕	赵文楷	永平人	举人	《爵秩全览》光绪二十九年秋
教谕	赵文楷	永平人	举人	《缙绅全书》《中枢备览》光绪二十九年秋
教谕	赵文楷	永平人	举人	《缙绅全书》《中枢备览》光绪二十九年冬
教谕	赵文楷	永平人	举人	《缙绅全书》《中枢备览》光绪三十年春
教谕	赵文楷	永平人	举人	《爵秩全览》光绪三十年夏
教谕	赵文楷	永平人	举人	《缙绅全书》《中枢备览》光绪三十年夏
教谕	赵文楷	永平人	举人	《缙绅全书》光绪三十年冬
教谕	赵文楷	永平人	举人	《缙绅全书》《中枢备览》光绪三十一年春

职官	人名	籍贯	出身	出处及在职时间及在职时间
教谕	赵文楷	永平人	举人	《爵秩全览》光绪三十一年夏
教谕	赵文楷	永平人	举人	《缙绅全书》《中枢备览》光绪三十一年夏
教谕	赵文楷	永平人	举人	《爵秩全览》光绪三十一年秋
教谕	赵文楷	永平人	举人	《爵秩全览》光绪三十一年冬
教谕	赵文楷	永平人	举人	《爵秩全览》光绪三十二年春
教谕	赵文楷	永平人	举人	《缙绅全书》《中枢备览》光绪三十二年春
教谕	步以墉	冀州人	廪贡	《缙绅全书》光绪三十二年夏
教谕	步以墉	冀州人	廪贡	《缙绅全书》光绪三十二年秋
教谕	步以墉	冀州人	廪贡	《缙绅全书》光绪三十二年冬
教谕	步以墉	冀州人	廪贡	《爵秩全览》光绪三十二年冬

职官	人名	籍贯	出身	出处及在职时间及在职时间
教谕	步以墉	冀州人	廪贡	《爵秩全览》光绪三十三年春
教谕	步以墉	冀州人	廪贡	《缙绅全书》《中枢备览》光绪三十三年夏
教谕	步以墉	冀州人	廪贡	《爵秩全览》光绪三十三年秋
教谕	步以墉	冀州人	廪贡	《爵秩全览》光绪三十三年冬
教谕	步以墉	冀州人	廪贡	《爵秩全览》光绪三十四年春
教谕	步以墉	冀州人	廪贡	《爵秩全览》光绪三十四年夏
教谕	步以墉	冀州人	廪贡	《爵秩全览》光绪三十四年秋
教谕	步以墉	冀州人	廪贡	《爵秩全览》光绪三十四年冬
教谕	步以墉	冀州人	廪贡	《爵秩全览》宣统元年春
教谕	步以墉	冀州人	廪贡	《爵秩全览》宣统元年夏

职官	人名	籍贯	出身	出处及在职时间及在职时间
教谕	步以墉	冀州人	廪贡	《爵秩全览》宣统元年秋
教谕	步以墉	冀州人	廪贡	《爵秩全览》宣统元年冬
教谕	步以墉	冀州人	廪贡	《缙绅全书》宣统元年冬
教谕	步以墉	冀州人	廪贡	《爵秩全览》宣统二年春
教谕	步以墉	冀州人	廪贡	《爵秩全览》宣统二年夏
教谕	步以墉	冀州人	廪贡	《爵秩全览》宣统二年秋
教谕	步以墉	冀州人	廪贡	《爵秩全览》宣统二年冬
教谕	步以墉	冀州人	廪贡	《爵秩全览》宣统三年春
教谕	步以墉	冀州人	廪贡	《爵秩全览》宣统三年夏
教谕	步以墉	冀州人	廪贡	《爵秩全览》宣统三年秋

职官	人名	籍贯	出身	出处及在职时间及在职时间
教谕	步以墉	冀州人	廪贡	《职官录》宣统三年冬
教谕	步以墉	冀州人	廪贡	《职官录》宣统四年春

管巡检事河县丞

职官	人名	籍贯	出身	出处及在职时间及在职时间
管巡检事河县丞	景湧沛	浙江山阴人	监生	《爵秩全览》光绪三十四年夏

管河县丞兼巡检事

职官	人名	籍贯	出身	出处及在职时间及在职时间
管河县丞兼巡检事	宋道熥	安徽芜湖人	监生	《缙绅全书》《爵秩全览》道光十九年夏
管河县丞兼巡检事	宋道熥	安徽芜湖人	监生	《缙绅全书》道光二十年秋

职官	人名	籍贯	出身	出处及在职时间及在职时间
管河县丞兼巡检事	孙德祐	浙江山阴人	议叙	《爵秩全览》同治六年春
管河县丞兼巡检事	孙德祐	浙江山阴人	议叙	《缙绅全书》同治六年春
管河县丞兼巡检事	余昌寿	江苏甘泉人	监生	《缙绅全书》同治十三年春
管河县丞兼巡检事	余昌寿	江苏甘泉人	监生	《爵秩全览》同治十三年夏
管河县丞兼巡检事	余昌寿	江苏甘泉人	监生	《缙绅全书》同治十三年秋
管河县丞兼巡检事	余昌寿	江苏甘泉人	监生	《缙绅全书》同治十三年冬
管河县丞兼巡检事	余昌寿	江苏甘泉人	监生	《爵秩全览》同治十三年冬
管河县丞兼巡检事	余昌寿	江苏甘泉人	监生	《缙绅全书》《中枢备览》同治十三年冬

职官	人名	籍贯	出身	出处及在职时间及在职时间
管河县丞兼巡检事	余昌寿	江苏甘泉人	监生	《爵秩全览》光绪元年夏
管河县丞兼巡检事	余昌寿	江苏甘泉人	监生	《爵秩全览》光绪元年秋
管河县丞兼巡检事	余昌寿	江苏甘泉人	监生	《缙绅全书》光绪二年秋
管河县丞兼巡检事	余昌寿	江苏甘泉人	监生	《爵秩全览》光绪二年冬
管河县丞兼巡检事	余昌寿	江苏甘泉人	监生	《缙绅全书》《中枢备览》光绪三年夏
管河县丞兼巡检事	余昌寿	江苏甘泉人	监生	《缙绅全书》光绪三年秋
管河县丞兼巡检事	余昌寿	江苏甘泉人	监生	《爵秩全览》光绪三年冬
管河县丞兼巡检事	余昌寿	江苏甘泉人	监生	《缙绅全书》《中枢备览》光绪四年秋

职官	人名	籍贯	出身	出处及在职时间及在职时间
管河县丞兼巡检事	余昌寿	江苏甘泉人	监生	《爵秩全览》光绪四年冬
管河县丞兼巡检事	余昌寿	江苏甘泉人	监生	《缙绅全书》光绪五年秋
管河县丞兼巡检事	余昌寿	江苏甘泉人	监生	《缙绅全书》《中枢备览》光绪五年冬
管河县丞兼巡检事	赵兴藻	江苏阳湖人	监生	《爵秩全览》光绪十二年夏
管河县丞兼巡检事	赵兴藻	江苏阳湖人	监生	《缙绅全书》光绪十二年秋
管河县丞兼巡检事	赵兴藻	江苏阳湖人	监生	《爵秩全览》光绪十三年春
管河县丞兼巡检事	赵兴藻	江苏阳湖人	监生	《缙绅全书》《中枢备览》光绪十三年夏
管河县丞兼巡检事	赵兴藻	江苏阳湖人	监生	《缙绅全书》光绪十三年冬

职官	人名	籍贯	出身	出处及在职时间及在职时间
管河县丞兼巡检事	赵兴藻	江苏阳湖人	监生	《缙绅全书》光绪十四年夏
管河县丞兼巡检事	宋慎怀	河南武陟县人	监生	《爵秩全览》光绪十五年秋
管河县丞兼巡检事	宋慎怀	河南武陟县人	监生	《缙绅全书》光绪十六年春
管河县丞兼巡检事	宋慎怀	河南武陟县人	监生	《缙绅全书》光绪十六年冬
管河县丞兼巡检事	宋慎怀	河南武陟县人	监生	《爵秩全览》光绪十八年春
管河县丞兼巡检事	宋慎怀	河南武陟县人	监生	《爵秩全览》光绪十八年秋
管河县丞兼巡检事	宋慎怀	河南武陟县人	监生	《爵秩全览》光绪十八年冬
管河县丞兼巡检事	宋慎怀	河南武陟县人	监生	《缙绅全书》光绪十九年春

职官	人名	籍贯	出身	出处及在职时间及在职时间
管河县丞兼巡检事	宋慎怀	河南武陟县人	监生	《爵秩全览》光绪十九年夏
管河县丞兼巡检事	陈祖裕	浙江嘉善县人	监生	《爵秩全览》光绪二十三年冬
管河县丞兼巡检事	陈祖裕	浙江嘉善县人	监生	《爵秩全览》光绪二十四年春
管河县丞兼巡检事	陈祖裕	浙江嘉善县人	监生	《爵秩全览》光绪二十四年秋
管河县丞兼巡检事	陈祖裕	浙江嘉善县人	监生	《爵秩全览》光绪二十四年冬
管河县丞兼巡检事	陈祖裕	浙江嘉善县人	监生	《缙绅全书》光绪二十四年冬
管河县丞兼巡检事	陈祖裕	浙江嘉善县人	监生	《爵秩全览》光绪二十五年春
管河县丞兼巡检事	陈祖裕	浙江嘉善县人	监生	《缙绅全书》《中枢备览》光绪二十五年春
管河县丞兼巡检事	陈祖裕	浙江嘉善县人	监生	《爵秩全览》光绪二十五年夏

职官	人名	籍贯	出身	出处及在职时间及在职时间
管河县丞兼巡检事	陈祖裕	浙江嘉善人	监生	《缙绅全书》光绪二十五年夏
管河县丞兼巡检事	陈祖裕	浙江嘉善人	监生	《爵秩全览》光绪二十五年秋
管河县丞兼巡检事	陈祖裕	浙江嘉善人	监生	《缙绅全书》《中枢备览》光绪二十五年冬
管河县丞兼巡检事	景湧沛	浙江山阴人	监生	《缙绅全书》《中枢备览》光绪二十六年春
管河县丞兼巡检事	景湧沛	浙江山阴人	监生	《缙绅全书》光绪二十六年夏
管河县丞兼巡检事	景湧沛	浙江山阴人	监生	《爵秩全览》光绪二十六年秋
管河县丞兼巡检事	景湧沛	浙江山阴人	监生	《缙绅全书》光绪二十七年春
管河县丞兼巡检事	景湧沛	浙江山阴人	监生	《爵秩全览》光绪二十七年冬
管河县丞兼巡检事	景湧沛	浙江山阴人	监生	《缙绅全书》《中枢备览》光绪二十七年冬

职官	人名	籍贯	出身	出处及在职时间及在职时间
管河县丞兼巡检事	景湧沛	浙江山阴人	监生	《爵秩全览》光绪二十八年春
管河县丞兼巡检事	景湧沛	浙江山阴人	监生	《缙绅全书》《中枢备览》光绪二十八年夏 《爵秩全览》
管河县丞兼巡检事	景湧沛	浙江山阴人	监生	《爵秩全览》光绪二十八年秋
管河县丞兼巡检事	景湧沛	浙江山阴人	监生	《缙绅全书》《中枢备览》光绪二十八年冬
管河县丞兼巡检事	景湧沛	浙江山阴人	监生	《爵秩全览》光绪二十九年春 《缙绅全书》《中枢备览》
管河县丞兼巡检事	景湧沛	浙江山阴人	监生	《缙绅全书》光绪二十九年夏
管河县丞兼巡检事	景湧沛	浙江山阴人	监生	《爵秩全览》光绪二十九年秋
管河县丞兼巡检事	景湧沛	浙江山阴人	监生	《缙绅全书》《中枢备览》光绪二十九年秋
管河县丞兼巡检事	景湧沛	浙江山阴人	监生	《缙绅全书》《中枢备览》光绪二十九年冬

职官	人名	籍贯	出身	出处及在职时间及在职时间
管河县丞兼巡检事	景湧沛	浙江山阴人	监生	《缙绅全书》《中枢备览》光绪三十年春
管河县丞兼巡检事	景湧沛	浙江山阴人	监生	《爵秩全览》光绪三十年夏
管河县丞兼巡检事	景湧沛	浙江山阴人	监生	《缙绅全书》《中枢备览》光绪三十年夏
管河县丞兼巡检事	景湧沛	浙江山阴人	监生	《缙绅全书》光绪三十年冬
管河县丞兼巡检事	景湧沛	浙江山阴人	监生	《缙绅全书》《中枢备览》光绪三十一年春
管河县丞兼巡检事	景湧沛	浙江山阴人	监生	《爵秩全览》光绪三十一年夏
管河县丞兼巡检事	景湧沛	浙江山阴人	监生	《缙绅全书》《中枢备览》光绪三十一年夏
管河县丞兼巡检事	景湧沛	浙江山阴人	监生	《爵秩全览》光绪三十一年秋
管河县丞兼巡检事	景湧沛	浙江山阴人	监生	《爵秩全览》光绪三十一年冬

职官	人名	籍贯	出身	出处及在职时间及在职时间
管河县丞兼巡检事	景湧沛	浙江山阴人	监生	《爵秩全览》光绪三十二年春
管河县丞兼巡检事	景湧沛	浙江山阴人	监生	《缙绅全书》《中枢备览》光绪三十二年春
管河县丞兼巡检事	景湧沛	浙江山阴人	监生	《缙绅全书》光绪三十二年夏
管河县丞兼巡检事	景湧沛	浙江山阴人	监生	《缙绅全书》光绪三十二年秋
管河县丞兼巡检事	景湧沛	浙江山阴人	监生	《缙绅全书》光绪三十二年冬
管河县丞兼巡检事	景湧沛	浙江山阴人	监生	《爵秩全览》光绪三十二年冬
管河县丞兼巡检事	景湧沛	浙江山阴人	监生	《爵秩全览》光绪三十三年春
管河县丞兼巡检事	景湧沛	浙江山阴人	监生	《缙绅全书》宣统元年冬

职官	人名	籍贯	出身	出处及在职时间及在职时间
管河县丞兼巡检事	景湧沛	浙江山阴人	监生	《爵秩全览》宣统二年春
管河县丞兼巡检事	景湧沛	浙江山阴人	监生	《爵秩全览》宣统二年夏
管河县丞兼巡检事	景湧沛	浙江山阴人	监生	《爵秩全览》宣统二年秋
管河县丞兼巡检事	景湧沛	浙江山阴人	监生	《爵秩全览》宣统二年冬
管河县丞兼巡检事	景湧沛	浙江山阴人	监生	《爵秩全览》宣统三年春
管河县丞兼巡检事	景湧沛	浙江山阴人	监生	《爵秩全览》宣统三年夏
管河县丞兼巡检事	景湧沛	浙江山阴人	监生	《爵秩全览》宣统三年秋
管河县丞兼巡检事	景湧沛	浙江山阴人	监生	《职官录》宣统三年冬

职官	人名	籍贯	出身	出处及在职时间及在职时间
管河县丞兼巡检事	景湧沛	浙江山阴人	监生	《职官录》宣统四年春

管河县丞兼巡检

职官	人名	籍贯	出身	出处及在职时间及在职时间
管河县丞兼巡检	钟　沅	浙江萧山人	监生	《爵秩全览》道光二十八年夏
管河县丞兼巡检	钟　沅	浙江萧山人	监生	《爵秩全览》咸丰元年夏
管河县丞兼巡检	钟　沅	浙江萧山人	监生	《爵秩全览》咸丰二年冬
管河县丞兼巡检	钟　沅	浙江萧山人	监生	《缙绅全书》咸丰三年夏
管河县丞兼巡检	钟　沅	浙江萧山人	监生	《爵秩全览》咸丰六年春

职官	人名	籍贯	出身	出处及在职时间及在职时间
管河县丞兼巡检	毛永椿	江苏吴县人	监生	《爵秩全览》咸丰六年夏
管河县丞兼巡检	毛永椿	江苏吴县人	监生	《爵秩全览》咸丰七年秋
管河县丞兼巡检	毛永椿	江苏吴县人	监生	《爵秩全览》咸丰七年冬
管河县丞兼巡检	宋慎怀	河南武陟人	监生	《爵秩全览》光绪十九年秋
管河县丞兼巡检	宋慎怀	河南武陟人	监生	《缙绅全书》《爵秩全览》光绪十九年冬
管河县丞兼巡检	宋慎怀	河南武陟人	监生	《缙绅全书》《中枢备览》光绪二十年夏
管河县丞兼巡检	宋慎怀	河南武陟人	监生	《爵秩全览》光绪二十年秋
管河县丞兼巡检	宋慎怀	河南武陟人	监生	《爵秩全览》光绪二十一年春

职官	人名	籍贯	出身	出处及在职时间及在职时间
管河县丞兼巡检	宋慎怀	河南武陟人	监生	《爵秩全览》光绪二十一年夏
管河县丞兼巡检	宋慎怀	河南武陟人	监生	《爵秩全览》光绪二十一年秋
管河县丞兼巡检	宋慎怀	河南武陟人	监生	《缙绅全书》光绪二十一年冬
管河县丞兼巡检		河南武陟人	监生	《缙绅全书》光绪二十二年春
管河县丞兼巡检	林际平	福建候官人	举人	《爵秩全览》光绪二十二年秋
管河县丞兼巡检	林际平	福建候官人	举人	《爵秩全览》光绪二十二年冬
管河县丞兼巡检	陈祖裕	浙江人	监生	《缙绅全书》《中枢备览》光绪二十三年秋
管河县丞兼巡检	景湧沛	浙江山阴人	监生	《缙绅全书》《中枢备览》光绪三十三年夏

职官	人名	籍贯	出身	出处及在职时间及在职时间
管河县丞兼巡检	景湧沛	浙江山阴人	监生	《爵秩全览》光绪三十三年秋
管河县丞兼巡检	景湧沛	浙江山阴人	监生	《爵秩全览》光绪三十三年冬
管河县丞兼巡检	景湧沛	浙江山阴人	监生	《爵秩全览》最新百官录　光绪三十四年春
管河县丞兼巡检	景湧沛	浙江山阴人	监生	《爵秩全览》光绪三十四年秋
管河县丞兼巡检	景湧沛	浙江山阴人	监生	《爵秩全览》光绪三十四年冬
管河县丞兼巡检	景湧沛	浙江山阴人	监生	《爵秩全览》宣统元年春
管河县丞兼巡检	景湧沛	浙江山阴人	监生	《爵秩全览》宣统元年夏
管河县丞兼巡检	景湧沛	浙江山阴人	监生	《爵秩全览》宣统元年秋

职官	人名	籍贯	出身	出处及在职时间及在职时间
管河县丞兼巡检	景湧沛	浙江山阴人	监生	《爵秩全览》宣统元年冬

管河县丞

职官	人名	籍贯	出身	出处及在职时间及在职时间
管河县丞		正黄旗人	监生	《缙绅新书》乾隆十三年春

复设训导

职官	人名	籍贯	出身	出处及在职时间及在职时间
复设训导	黄甲魁	庆都人	岁贡	《缙绅新书》乾隆十三年春
复设训导	尹宣魁	衡水人	岁贡	《缙绅全本》乾隆二十五年冬

职官	人名	籍贯	出身	出处及在职时间及在职时间
复设训导	尹宣魁	衡水人	岁贡	《缙绅全本》乾隆二十六年秋
复设训导	赫　皎	奉天人	岁贡	《缙绅全书》乾隆三十年春
复设训导	赫　皎	奉天人	岁贡	《爵秩全本》乾隆三十年冬
复设训导	赫　皎	奉天人	岁贡	《爵秩全本》乾隆三十三年秋
复设训导	乔　铨	南宫人	廪贡	《缙绅全书》《中枢备览》乾隆四十二年秋
复设训导	乔　铨	南宫人	廪贡	《缙绅全书》《中枢备览》乾隆五十三年春
复设训导	王民皞	抚宁人	岁贡	《缙绅全书》嘉庆元年春
复设训导	王民皞	抚宁人	岁贡	《缙绅全书》嘉庆二年冬

职官	人名	籍贯	出身	出处及在职时间及在职时间
复设训导	王民嗥	抚宁人	岁贡	《缙绅全书》嘉庆三年秋
复设训导	王民嗥	抚宁人	岁贡	《缙绅全书》嘉庆三年冬
复设训导	工民嗥	抚宁人	岁贡	《缙绅全书》嘉庆五年冬
复设训导	韩维墉	天津人	廪贡	《缙绅全书》嘉庆九年春
复设训导	张　绥	顺德人	廪生	《缙绅全书》《中枢备览》嘉庆十一年春
复设训导	张　绥	顺德人	廪生	《缙绅全书》嘉庆十一年夏
复设训导	张　绥	顺德人	廪贡	《缙绅全书》嘉庆十七年秋
复设训导	王廷炘	河间人	廪贡	《缙绅全书》嘉庆二十一年冬
复设训导	王廷炘	河间人	廪贡	《缙绅全书》嘉庆二十二年春

职官	人名	籍贯	出身	出处及在职时间及在职时间
复设训导	王廷炘	河间人	廪贡	《缙绅全书》（大） 嘉庆二十二年冬 《缙绅全书》（小）
复设训导	王廷炘	河间人	廪贡	《缙绅全书》嘉庆二十五年夏
复设训导	邹　钧	易州人	廪贡	《缙绅全书》《中枢备览》道光四年夏
复设训导	邹　钧	易州人	廪贡	《缙绅全书》道光四年夏
复设训导	邹　钧	广昌人	廪贡	《爵秩全览》道光六年秋
复设训导	邹　钧	广昌人	廪贡	《缙绅全书》道光七年春
复设训导	魏振科	恒乡县人	岁贡	《缙绅全书》道光十年冬
复设训导	彭　沐	保定人	举人	《缙绅全书》《中枢备览》道光十三年夏
复设训导	彭　沐	保定府人	举人	《缙绅全书》道光十四年春

职官	人名	籍贯	出身	出处及在职时间及在职时间
复设训导	彭　沐	保定府人	举人	《缙绅全书》道光十四年夏
复设训导	彭　沐	保定府人	举人	《缙绅全书》《中枢备览》道光十六年夏
复设训导	彭　沭	保定人	举人	《缙绅全书》道光十六年秋
复设训导	彭　沭	保定人	举人	《缙绅全书》《中枢备览》道光十六年冬
复设训导	彭　沭	保定人	举人	《缙绅全书》道光十七年秋
复设训导	彭　沭	保定人	举人	《缙绅全书》道光十八年夏
复设训导	赵象韩	天津府人	拔贡	《缙绅全书》《爵秩全览》道光十九年夏
复设训导	陈允治	天津人	举人	《缙绅全书》道光二十年秋
复设训导	陈允治	天津人	举人	《缙绅全书》道光二十年冬

职官	人名	籍贯	出身	出处及在职时间及在职时间
复设训导	陈允治	天津人	举人	《缙绅全书》《中枢备览》道光二十二年春
复设训导	潘文曾	天津人	举人	《缙绅全书》道光二十二年冬
复设训导	潘文曾	天津人	举人	《缙绅全书》道光二十五年夏
复设训导	潘文曾	天津人	举人	《缙绅全书》道光二十五年秋
复设训导	潘文曾	天津人	举人	《爵秩全览》道光二十六年
复设训导	张文田	保定人	岁贡	《缙绅全书》道光二十七年夏
复设训导	张文田	保定人	岁贡	《缙绅全书》道光二十七年秋
复设训导	张文田	保定府人	岁贡	《爵秩全览》道光二十八年夏
复设训导	张文田	保定府人	岁贡	《缙绅全书》道光二十八年冬

职官	人名	籍贯	出身	出处及在职时间及在职时间
复设训导	张文田	保定府人	岁贡	《缙绅全书》道光二十九年夏
复设训导	张文田	保定府人	岁贡	《爵秩全览》咸丰元年夏
复设训导	张文田	保定府人	岁贡	《爵秩全览》咸丰二年冬
复设训导	张文田	保定人	岁贡	《缙绅全书》咸丰三年夏
复设训导	潘文会	天津人	举人	《缙绅全书》咸丰四年春
复设训导	张文田	保定人	岁贡	《缙绅全书》咸丰四年
复设训导	张文田	保定府人	岁贡	《爵秩全览》咸丰六年春
复设训导	张文田	保定人	岁贡	《缙绅全书》咸丰六年春
复设训导	张文田	保定府人	岁贡	《爵秩全览》咸丰六年夏

职官	人名	籍贯	出身	出处及在职时间及在职时间
复设训导	张文田	保定府人	岁贡	《爵秩全览》咸丰七年秋
复设训导	张文田	保定府人	岁贡	《爵秩全览》咸丰七年冬
复设训导	张文田	保定人	岁贡	《缙绅全书》咸丰八年冬
复设训导	张文田	保定人	岁贡	《缙绅全书》咸丰九年夏
复设训导	张文田	保定人	岁贡	《缙绅全书》咸丰十年秋
复设训导	张文田	保定人	岁贡	《缙绅全书》咸丰十年
复设训导	张文田	保定人	岁贡	《缙绅全书》同治四年夏
复设训导	张文田	保定人	岁贡	《缙绅全书》同治五年春
复设训导	张文田	保定人	岁贡	《爵秩全览》同治六年春

职官	人名	籍贯	出身	出处及在职时间及在职时间
复设训导	闪连仲	大名人	廪贡	《缙绅全书》同治八年春
复设训导	闪连仲	大名人	廪贡	《缙绅全书》同治八年冬
复设训导	闪连仲	大名人	廪贡	《爵秩全览》同治九年春
复设训导	闪连仲	大名人	廪贡	《缙绅全书》同治九年夏
复设训导	闪连仲	大名人	廪贡	《爵秩全览》同治九年秋
复设训导	闪连仲	大名人	廪贡	《缙绅全书》同治九年冬
复设训导	闪连仲	大名人	廪贡	《缙绅全书》同治十年春
复设训导	闪连仲	大名人	廪贡	《缙绅全书》同治十年夏
复设训导	闪连仲	大名人	廪贡	《缙绅全书》同治十一年夏

职官	人名	籍贯	出身	出处及在职时间及在职时间
复设训导	闪连仲	大名人	廪贡	《缙绅全书》《中枢备览》同治十一年秋
复设训导	闪连仲	大名人	廪贡	《缙绅全书》同治十二年冬
复设训导	闪连仲	大名人	廪贡	《缙绅全书》同治十三年春
复设训导	闪连仲	大名人	廪贡	《爵秩全览》同治十三年夏
复设训导	闪连仲	大名人	廪贡	《缙绅全书》同治十三年秋
复设训导	闪连仲	大名人	廪贡	《缙绅全书》同治十三年冬
复设训导	闪连仲	大名人	廪贡	《爵秩全览》同治十三年冬
复设训导	闪连仲	大名人	廪贡	《缙绅全书》《中枢备览》同治十三年冬
复设训导	闪连仲	大名人	廪贡	《爵秩全览》光绪元年夏

职官	人名	籍贯	出身	出处及在职时间及在职时间
复设训导	宫毓椿	天津府人	廪贡	《爵秩全览》光绪元年秋
复设训导	宫毓椿	天津府人	廪贡	《缙绅全书》光绪二年秋
复设训导	宫毓椿	天津府人	廪贡	《爵秩全览》光绪二年冬
复设训导	宫毓椿	天津府人	廪贡	《缙绅全书》《中枢备览》光绪三年夏
复设训导	宫毓椿	天津府人	廪贡	《缙绅全书》光绪三年秋
复设训导	宫毓椿	天津府人	廪贡	《爵秩全览》光绪三年冬
复设训导	宫毓椿	天津府人	廪贡	《缙绅全书》《中枢备览》光绪四年秋
复设训导	宫毓椿	天津府人	廪贡	《爵秩全览》光绪四年冬
复设训导	宫毓椿	天津府人	廪贡	《缙绅全书》光绪五年秋

职官	人名	籍贯	出身	出处及在职时间及在职时间
复设训导	宫毓椿	天津府人	廪贡	《缙绅全书》《中枢备览》光绪五年冬
复设训导	杜文蔚	广平府人	廪贡	《爵秩全览》光绪七年冬
复设训导	杜文蔚	广平府人	廪贡	《缙绅全书》光绪七年冬
复设训导	洪昌凤	汉军厢黄旗人	廪贡	《缙绅全书》光绪八年冬
复设训导	洪昌凤	汉军厢黄旗人	廪贡	《爵秩全览》光绪十年夏
复设训导	洪昌凤	汉军厢黄旗人	廪贡	《爵秩全览》光绪十年秋
复设训导	洪昌凤	汉军厢黄旗人	廪贡	《爵秩全览》光绪十一年春
复设训导	洪昌凤	汉军厢黄旗人	廪贡	《爵秩全览》光绪十一年夏
复设训导	洪昌凤	汉军厢黄旗人	廪贡	《爵秩全览》光绪十一年秋

职官	人名	籍贯	出身	出处及在职时间及在职时间
复设训导	张福堂	永平府人	廪贡	《爵秩全览》光绪十二年夏
复设训导	张福堂	永平府人	廪贡	《缙绅全书》光绪十二年秋
复设训导	张福堂	永平府人	廪贡	《爵秩全览》光绪十三年春
复设训导	张福堂	永平府人	廪贡	《缙绅全书》《中枢备览》光绪十三年夏
复设训导	张福堂	永平府人	廪贡	《缙绅全书》光绪十三年冬
复设训导	张福堂	永平府人	廪贡	《缙绅全书》光绪十四年夏
复设训导	张福堂	永平府人	廪贡	《爵秩全览》光绪十四年冬
复设训导	张福堂	永平府人	廪贡	《爵秩全览》光绪十五年夏
复设训导	张福堂	永平府人	廪贡	《爵秩全览》光绪十五年秋

职官	人名	籍贯	出身	出处及在职时间及在职时间
复设训导	张福堂	永平府人	廪贡	《爵秩全览》光绪十五年冬
复设训导	张福堂	永平府人	廪贡	《缙绅全书》光绪十六年春
复设训导	张福堂	永平府人	廪贡	《缙绅全书》光绪十六年冬
复设训导	张福堂	永平府人	廪贡	《爵秩全览》光绪十八年春
复设训导	张福堂	永平府人	廪贡	《爵秩全览》光绪十八年秋
复设训导	张福堂	永平府人	廪贡	《爵秩全览》光绪十八年冬
复设训导	张福堂	永平府人	廪贡	《缙绅全书》光绪十九年春
复设训导	张福堂	永平府人	廪贡	《爵秩全览》光绪十九年夏
复设训导	张福堂	永平府人	廪贡	《爵秩全览》光绪十九年秋

职官	人名	籍贯	出身	出处及在职时间及在职时间
复设训导	张福堂	永平人	廪贡	《缙绅全书》《爵秩全览》光绪十九年冬
复设训导	张福堂	永平人	廪贡	《缙绅全书》《中枢备览》光绪二十年夏
复设训导	张福堂	永平府人	廪贡	《爵秩全览》光绪二十年秋
复设训导	张福堂	永平府人	廪贡	《爵秩全览》光绪二十一年春
复设训导	张福堂	永平府人	廪贡	《爵秩全览》光绪二十一年夏
复设训导	张福堂	永平府人	廪贡	《爵秩全览》光绪二十一年秋
复设训导	张福堂	永平人	廪贡	《缙绅全书》光绪二十一年冬
复设训导	张福堂	永平府人	廪贡	《爵秩全览》光绪二十二年春
复设训导	张福堂	永平府人	廪贡	《缙绅全书》光绪二十二年春

职官	人名	籍贯	出身	出处及在职时间及在职时间
复设训导	张福堂	永平府人	廪贡	《爵秩全览》光绪二十二年夏
复设训导	张福堂	永平府人	廪贡	《爵秩全览》光绪二十二年秋
复设训导	张福堂	永平府人	廪贡	《爵秩全览》光绪二十二年冬
复设训导	张福堂	永平府人	廪贡	《爵秩全览》光绪二十三年夏
复设训导	张福堂	永平人	廪贡	《缙绅全书》《中枢备览》光绪二十三年秋
复设训导	张福堂	永平府人	廪贡	《爵秩全览》光绪二十三年冬
复设训导	张福堂	永平府人	廪贡	《爵秩全览》光绪二十四年春
复设训导	张福堂	永平府人	廪贡	《爵秩全览》光绪二十四年秋
复设训导	张福堂	永平府人	廪贡	《爵秩全览》光绪二十四年冬

职官	人名	籍贯	出身	出处及在职时间及在职时间
复设训导	张福堂	永平府人	廪贡	《缙绅全书》光绪二十四年冬
复设训导	张福堂	永平府人	廪贡	《爵秩全览》光绪二十五年春
复设训导	张福堂	永平府人	廪贡	《缙绅全书》《中枢备览》光绪二十五年春
复设训导	张福堂	永平府人	廪贡	《爵秩全览》光绪二十五年夏
复设训导	张福堂	永平府人	廪贡	《缙绅全书》光绪二十五年夏
复设训导	张福堂	永平府人	廪贡	《爵秩全览》光绪二十五年秋
复设训导	张福堂	永平府人	廪贡	《缙绅全书》《中枢备览》光绪二十五年冬
复设训导	张福堂	永平府人	廪贡	《缙绅全书》《中枢备览》光绪二十六年春
复设训导	张福堂	永平府人	廪贡	《缙绅全书》光绪二十六年夏

职官	人名	籍贯	出身	出处及在职时间及在职时间
复设训导	张福堂	永平府人	廪贡	《爵秩全览》光绪二十六年秋
复设训导	张福堂	永平府人	廪贡	《缙绅全书》光绪二十七年春
复设训导	张福堂	永平府人	廪贡	《爵秩全览》光绪二十七年冬
复设训导	张福堂	永平人	廪贡	《缙绅全书》《中枢备览》光绪二十七年冬
复设训导	张福堂	永平人	廪贡	《爵秩全览》光绪二十八年春
复设训导	张福堂	永平人	廪贡	《缙绅全书》《中枢备览》光绪二十八年夏 《爵秩全览》
复设训导	张福堂	永平人	廪贡	《爵秩全览》光绪二十八年秋
复设训导	张福堂	永平人	廪贡	《缙绅全书》《中枢备览》光绪二十八年冬
复设训导	张福堂	永平人	廪贡	《爵秩全览》光绪二十九年春 《缙绅全书》《中枢备览》

职官	人名	籍贯	出身	出处及在职时间及在职时间
复设训导	张福堂	永平人	廪贡	《缙绅全书》光绪二十九年夏
复设训导	张福堂	永平人	廪贡	《爵秩全览》光绪二十九年秋
复设训导	张福堂	永平人	廪贡	《缙绅全书》《中枢备览》光绪二十九年秋
复设训导	张福堂	永平人	廪贡	《缙绅全书》《中枢备览》光绪二十九年冬
复设训导	张福堂	永平人	廪贡	《缙绅全书》《中枢备览》光绪三十年春
复设训导	步以庸	冀州人	廪贡	《爵秩全览》光绪三十年夏
复设训导	步以庸	冀州人	廪贡	《缙绅全书》《中枢备览》光绪三十年夏
复设训导	步以庸	冀州人	廪贡	《缙绅全书》光绪三十年冬
复设训导	步以墉	冀州人	廪贡	《缙绅全书》《中枢备览》光绪三十一年春

职官	人名	籍贯	出身	出处及在职时间及在职时间
复设训导	步以墉	冀州人	廪贡	《爵秩全览》光绪三十一年夏
复设训导	步以墉	冀州人	廪贡	《缙绅全书》《中枢备览》光绪三十一年夏
复设训导	步以墉	冀州人	廪贡	《爵秩全览》光绪三十一年秋
复设训导	步以墉	冀州人	廪贡	《爵秩全览》光绪三十一年冬
复设训导	步以墉	冀州人	廪贡	《爵秩全览》光绪三十二年春
复设训导	步以墉	冀州人	廪贡	《缙绅全书》《中枢备览》光绪三十二年春
复设训导			廪贡	《缙绅全书》光绪三十二年夏
复设训导		冀州人	廪贡	《缙绅全书》光绪三十二年秋
复设训导			廪贡	《缙绅全书》光绪三十二年冬

职官	人名	籍贯	出身	出处及在职时间及在职时间
复设训导			廪贡	《爵秩全览》光绪三十二年冬
复设训导			廪贡	《爵秩全览》光绪三十三年春
复设训导	宝　权		廪贡	《缙绅全书》《中枢备览》光绪三十三年夏

典　史

职官	人名	籍贯	出身	出处及在职时间及在职时间
典史	陈　经	福建人		《康熙大城县志》顺治元年
典史	徐	浙江人		《康熙大城县志》顺治十一年
典史	余起祥	浙江人		《康熙大城县志》顺治十三年
典史	乔　林	陕西富平人		《康熙大城县志》顺治十五年

职官	人名	籍贯	出身	出处及在职时间及在职时间
典史	古　文	陕西富平人		《康熙大城县志》顺治十七年
典史	胡志选	浙江定海人		《康熙大城县志》康熙三年
典史	张凤起	河南彰德府安阳县人		《康熙大城县志》康熙八年
典史	鞠　泰	山东海阳人	议叙	《缙绅新书》乾隆十三年春
典史	朱添壁	江西人		《缙绅全本》乾隆二十五年冬
典史	朱添壁	江西人		《缙绅全本》乾隆二十六年秋
典史	张顾霖	四川遂宁人	监生	《缙绅全书》乾隆三十年春
典史	罗启荣	贵州清平人	监生	《缙绅全书》《中枢备览》乾隆四十二年秋
典史	陶兆麟	浙江会稽人	监生	《缙绅全书》《中枢备览》乾隆五十三年春

职官	人名	籍贯	出身	出处及在职时间及在职时间
典史	王元泰	江苏上元人	监生	《缙绅全书》嘉庆元年春
典史	王元泰	江苏上元人	监生	《缙绅全书》嘉庆二年冬
典史	王元泰	江苏上元人	监生	《缙绅全书》嘉庆三年秋
典史	王元泰	江苏上元人	监生	《缙绅全书》嘉庆三年冬
典史	王元泰	江苏上元人	监生	《缙绅全书》嘉庆五年冬
典史	王漠庭	浙江会稽人	议叙	《缙绅全书》嘉庆九年春
典史	王漠庭	浙江会稽人	议叙	《缙绅全书》《中枢备览》嘉庆十一年春
典史	王漠庭	浙江会稽人	议叙	《缙绅全书》嘉庆十一年夏
典史	孟　钊	山东历城人		《缙绅全书》嘉庆十七年秋

职官	人名	籍贯	出身	出处及在职时间及在职时间
典史	赵扶九	浙江山阴人	监生	《缙绅全书》嘉庆二十一年冬
典史	赵扶九	浙江山阴人	监生	《缙绅全书》嘉庆二十二年春
典史	赵扶九	浙江山阴人	监生	《缙绅全书》（大） 嘉庆二十二年冬 《缙绅全书》（小）
典史	赵扶九	浙江山阴人	监生	《缙绅全书》嘉庆二十五年夏
典史	赵扶九	浙江山阴人	监生	《缙绅全书》《中枢备览》道光四年夏
典史	赵扶九	浙江山阴人	监生	《缙绅全书》道光四年夏
典史	赵克俊	江苏武进人	监生	《爵秩全览》道光六年秋
典史	黄克俊	江苏武进人	监生	《缙绅全书》道光七年春
典史	沈　钰	江苏人	监生	《缙绅全书》道光十年冬

职官	人名	籍贯	出身	出处及在职时间及在职时间
典史	沈　钰	江苏吴江人	监生	《缙绅全书》《中枢备览》道光十三年夏
典史	沈　钰	江苏吴江人	监生	《缙绅全书》道光十四年春
典史	沈　钰	江苏吴江人	监生	《缙绅全书》道光十四年夏
典史	沈　钰	江苏吴江人	监生	《缙绅全书》《中枢备览》道光十六年夏
典史	沈　钰	江苏吴江人	监生	《缙绅全书》道光十六年秋
典史	沈　钰	江苏吴江人	监生	《缙绅全书》《中枢备览》道光十六年冬
典史	沈　钰	江苏吴江人	监生	《缙绅全书》道光十七年秋
典史	沈　钰	江苏吴江人	监生	《缙绅全书》道光十八年夏

职官	人名	籍贯	出身	出处及在职时间及在职时间
典史	沈　钰	江苏吴江人	监生	《缙绅全书》《爵秩全览》道光十九年夏
典史	沈　钰	江苏吴江人	监生	《缙绅全书》道光二十年秋
典史	沈　钰	江苏吴江人	监生	《缙绅全书》道光二十年冬
典史	沈　钰	江苏人	监生	《缙绅全书》《中枢备览》道光二十二年春
典史	沈钰	江苏人	监生	《缙绅全书》道光二十二年冬
典史	师长乐	陕西人	监生	《缙绅全书》道光二十五年夏
典史	师长乐	陕西人	监生	《缙绅全书》道光二十五年秋
典史	师长乐	陕西人	监生	《爵秩全览》道光二十六年

职官	人名	籍贯	出身	出处及在职时间及在职时间
典史	师长乐	陕西人	监生	《缙绅全书》道光二十七年夏
典史	师长乐	陕西人	监生	《缙绅全书》道光二十七年秋
典史		陕西韩城人	监生	《缙绅全书》道光二十八年冬
典史		浙江鄞县人	监生	《缙绅全书》道光二十九年夏
典史	彭克恕	江西南昌人	监生	《爵秩全览》咸丰元年夏
典史	彭克恕	江西南昌人	监生	《爵秩全览》咸丰二年冬
典史	彭克恕	江西南昌人	监生	《缙绅全书》咸丰三年夏
典史	师长乐	陕西韩城人	监生	《缙绅全书》咸丰四年春

职官	人名	籍贯	出身	出处及在职时间及在职时间
典史	彭克恕	江西南昌人	监生	《缙绅全书》咸丰四年
典史		江西南昌人	监生	《缙绅全书》咸丰六年春
典史	胡　芬	浙江山阴人	监生	《爵秩全览》咸丰六年夏
典史	胡　芬	浙江山阴人		《爵秩全览》咸丰七年秋
典史	胡　芬	浙江山阴人	监生	《缙绅全书》咸丰八年冬
典史	胡　芬	浙江山阴人	监生	《缙绅全书》咸丰九年夏
典史		浙江山阴人	监生	《缙绅全书》咸丰十年秋
典史	李殿扬	山东章邱人	监生	《缙绅全书》咸丰十年

职官	人名	籍贯	出身	出处及在职时间及在职时间
典史		浙江人	监生	《缙绅全书》同治四年夏
典史	余　镕	浙江会稽人	监生	《缙绅全书》同治五年春
典史	余廷诏	安徽桐城人	监生	《缙绅全书》同治六年秋
典史	张云霑	山东平原人		《光绪大城县志》同治八年
典史	李毓林	浙江山阴人	监生	《缙绅全书》同治八年春
典史	李毓林	浙江山阴人	监生	《缙绅全书》同治八年冬
典史	李毓林	浙江山阴人	监生	《爵秩全览》同治九年春
典史	李毓林	浙江山阴人	监生	《缙绅全书》同治九年夏
典史	李毓林	浙江山阴人	监生	《爵秩全览》同治九年秋

职官	人名	籍贯	出身	出处及在职时间及在职时间
典史		浙江山阴人	监生	《缙绅全书》同治九年冬
典史	孙世忠	奉天吉林厅人		《光绪大城县志》同治十年
典史	田起滨	安徽旌德人		《光绪大城县志》同治十年
典史		浙江山阴人	监生	《缙绅全书》同治十年春
典史		江苏江都人	议员	《缙绅全书》同治十年夏
典史	田起滨	安徽旌德人	监生	《缙绅全书》同治十一年夏
典史	田起滨	安徽旌德人	监生	《缙绅全书》《中枢备览》同治十一年秋
典史	田起滨	安徽旌德人	监生	《缙绅全书》同治十二年冬
典史	田起滨	安徽旌德人	监生	《缙绅全书》同治十三年春

职官	人名	籍贯	出身	出处及在职时间及在职时间
典史	田起滨	安徽旌德人	监生	《爵秩全览》同治十三年夏
典史	田起滨	安徽旌德人	监生	《缙绅全书》同治十三年秋
典史	田起滨	安徽旌德人	监生	《缙绅全书》同治十三年冬
典史	田起滨	安徽旌德人	监生	《爵秩全览》同治十三年冬
典史	田起滨	安徽旌德人	监生	《缙绅全书》《中枢备览》同治十三年冬
典史	田起滨	安徽旌德人	监生	《爵秩全览》光绪元年夏
典史	田起滨	安徽旌德人	监生	《爵秩全览》光绪元年秋
典史	田起滨	安徽旌德人	监生	《缙绅全书》光绪二年秋
典史	田起滨	安徽旌德人	监生	《爵秩全览》光绪二年冬

职官	人名	籍贯	出身	出处及在职时间及在职时间
典史	邹毓坪	山东福山人		《光绪大城县志》光绪三年
典史	洪恩福	安徽口门人		《光绪大城县志》光绪三年
典史	田起滨	安徽旌德人	监生	《缙绅全书》《中枢备览》光绪三年夏
典史	田起滨	安徽旌德人	监生	《缙绅全书》光绪三年秋
典史	田起滨	安徽旌德人	监生	《爵秩全览》光绪三年冬
典史	郑福德	奉天昌口厅人		《光绪大城县志》光绪四年
典史	田起滨	安徽旌德人	监生	《缙绅全书》《中枢备览》光绪四年秋
典史	田起滨	安徽旌德人	监生	《爵秩全览》光绪四年冬
典史	李成章	山东历城人		《光绪大城县志》光绪五年

职官	人名	籍贯	出身	出处及在职时间及在职时间
典史	田起滨	安徽旌德人	监生	《缙绅全书》光绪五年春
典史	田起滨	安徽旌德人	监生	《缙绅全书》光绪五年秋
典史	田起滨	安徽旌德人	监生	《缙绅全书》《中枢备览》光绪五年冬
典史	翁布洲	浙江蒲山人		《光绪大城县志》光绪七年
典史	陈德森	安徽定远人		《光绪大城县志》光绪七年
典史	葛其寿	安徽怀宁人		《光绪大城县志》光绪七年
典史	田起滨	安徽旌德人	监生	《爵秩全览》光绪七年冬
典史	田起滨	安徽旌德人	监生	《缙绅全书》光绪七年冬
典史	田起滨	安徽旌德人	监生	《缙绅全书》光绪八年冬

职官	人名	籍贯	出身	出处及在职时间及在职时间
典史	李毓林	浙江山阴人		《光绪大城县志》光绪九年
典史	李毓林	浙江山阴人	监生	《爵秩全览》光绪十年夏
典史	李毓林	浙江山阴人	监生	《爵秩全览》光绪十年秋
典史	李毓林	浙江山阴人	监生	《爵秩全览》光绪十一年春
典史	李毓林	浙江山阴人	监生	《爵秩全览》光绪十一年夏
典史	李毓林	浙江山阴人	监生	《爵秩全览》光绪十一年秋
典史	毛桂荣	浙江余饶人		《光绪大城县志》光绪十二年
典史	李毓林	浙江山阴人	监生	《爵秩全览》光绪十二年夏
典史	李毓林	浙江山阴人	监生	《缙绅全书》光绪十二年秋

职官	人名	籍贯	出身	出处及在职时间及在职时间
典史	潘寿臣	浙江仁和人		《光绪大城县志》光绪十三年
典史	李毓林	浙江山阴人	监生	《爵秩全览》光绪十三年春
典史	李毓林	浙江山阴人	监生	《缙绅全书》《中枢备览》光绪十三年夏
典史		浙江山阴人	监生	《缙绅全书》光绪十三年冬
典史	潘寿辰	浙江仁和人	监生	《缙绅全书》光绪十四年夏
典史	潘寿辰	浙江仁和人	监生	《爵秩全览》光绪十四年冬
典史	潘寿辰	浙江仁和人	监生	《爵秩全览》光绪十五年夏
典史	潘寿辰	浙江仁和人	监生	《爵秩全览》光绪十五年秋
典史	潘寿臣	浙江仁和人	监生	《爵秩全览》光绪十五年冬

职官	人名	籍贯	出身	出处及在职时间及在职时间
典史	王毓琦	浙江钱塘人		《光绪大城县志》光绪十六年
典史	潘寿臣	浙江仁和人	监生	《缙绅全书》光绪十六年春
典史	潘寿臣	浙江仁和人	监生	《缙绅全书》光绪十六年冬
典史	张国祥	浙江山阴人		《光绪大城县志》光绪十七年
典史	张国祥	浙江山阴人	监生	《爵秩全览》光绪十八年春
典史	张国祥	浙江山阴人	监生	《爵秩全览》光绪十八年秋
典史	张国祥	浙江山阴人	监生	《爵秩全览》光绪十八年冬
典史	张国祥	浙江山阴人	监生	《缙绅全书》光绪十九年春
典史	张国祥	浙江山阴人	监生	《爵秩全览》光绪十九年夏

职官	人名	籍贯	出身	出处及在职时间及在职时间
典史	张国祥	浙江山阴人	监生	《爵秩全览》光绪十九年秋
典史	张国祥	浙江山阴人	监生	《缙绅全书》《爵秩全览》光绪十九年冬
典史	张国祥	浙江山阴人	监生	《缙绅全书》《中枢备览》光绪二十年夏
典史	张国祥	浙江山阴人	监生	《爵秩全览》光绪二十年秋
典史	张国祥	浙江山阴人	监生	《爵秩全览》光绪二十一年春
典史	张国祥	浙江山阴人	监生	《爵秩全览》光绪二十一年夏
典史	张国祥	浙江山阴人	监生	《爵秩全览》光绪二十一年秋
典史	张国祥	浙江山阴人	监生	《缙绅全书》光绪二十一年冬
典史	张国祥	浙江山阴人	监生	《爵秩全览》光绪二十二年春

职官	人名	籍贯	出身	出处及在职时间及在职时间
典史	张国祥	浙江山阴人	监生	《缙绅全书》光绪二十二年春
典史	张国祥	浙江山阴人	监生	《爵秩全览》光绪二十二年夏
典史	张国祥	浙江山阴人	监生	《爵秩全览》光绪二十二年秋
典史	张国祥	浙江山阴人	监生	《爵秩全览》光绪二十二年冬
典史	张国祥	浙江山阴人	监生	《爵秩全览》光绪二十三年夏
典史	张国祥	浙江山阴人	监生	《缙绅全书》《中枢备览》光绪二十三年秋
典史	张国祥	浙江山阴县人	监生	《爵秩全览》光绪二十三年冬
典史	张国祥	浙江山阴县人	监生	《爵秩全览》光绪二十四年春
典史	张国祥	浙江山阴县人	监生	《爵秩全览》光绪二十四年秋

职官	人名	籍贯	出身	出处及在职时间及在职时间
典史	陈连恒	湖南湘乡人	文童	《爵秩全览》光绪二十四年冬
典史	陈连恒	湖南湘乡人	文童	《缙绅全书》光绪二十四年冬
典史	陈连恒	湖南湘乡人	文童	《爵秩全览》光绪二十五年春
典史	陈连恒	湖南湘乡人	文童	《缙绅全书》《中枢备览》光绪二十五年春
典史	陈连恒	湖南湘乡人	文童	《爵秩全览》光绪二十五年夏
典史	陈连恒	湖南湘乡人	文童	《缙绅全书》光绪二十五年夏
典史	陈连恒	湖南湘乡人	文童	《爵秩全览》光绪二十五年秋
典史	陈连恒	湖南湘乡人	文童	《缙绅全书》《中枢备览》光绪二十五年冬

职官	人名	籍贯	出身	出处及在职时间及在职时间
典史	陈连恒	湖南湘乡人	文童	《缙绅全书》《中枢备览》光绪二十六年春
典史	陈连恒	湖南湘乡人	文童	《缙绅全书》光绪二十六年夏
典史	陈连恒	湖南湘乡人	文童	《爵秩全览》光绪二十六年秋
典史	陈连恒	湖南湘乡人	文童	《缙绅全书》光绪二十七年春
典史	陈连恒	湖南湘乡人	文童	《爵秩全览》光绪二十七年冬
典史	陈连恒	湖南湘乡人		《缙绅全书》《中枢备览》光绪二十七年冬
典史	陈连恒	湖南湘乡人		《爵秩全览》光绪二十八年春
典史	陈连恒	湖南湘乡人		《缙绅全书》《中枢备览》光绪二十八年夏 《爵秩全览》

职官	人名	籍贯	出身	出处及在职时间及在职时间
典史	陈连恒	湖南湘乡人		《爵秩全览》光绪二十八年秋
典史	陈连恒	湖南湘乡人		《缙绅全书》《中枢备览》光绪二十八年冬
典史	陈连恒	湖南湘乡人		《爵秩全览》光绪二十九年春《缙绅全书》《中枢备览》
典史	陈连恒	湖南湘乡人		《缙绅全书》光绪二十九年夏
典史	陈连恒	湖南湘乡人		《爵秩全览》光绪二十九年秋
典史	陈连恒	湖南湘乡人		《缙绅全书》《中枢备览》光绪二十九年秋
典史	陈连恒	湖南湘乡人		《缙绅全书》《中枢备览》光绪二十九年冬
典史	陈连恒	湖南湘乡人		《缙绅全书》《中枢备览》光绪三十年春

职官	人名	籍贯	出身	出处及在职时间及在职时间
典史	陈连恒	湖南湘乡人		《爵秩全览》光绪三十年夏
典史	陈连恒	湖南湘乡人		《缙绅全书》《中枢备览》光绪三十年夏
典史	陈连恒	湖南湘乡人		《缙绅全书》光绪三十年冬
典史	陈连恒	湖南湘乡人	文童	《缙绅全书》《中枢备览》光绪三十一年春
典史	陈连恒	湖南湘乡人	文童	《爵秩全览》光绪三十一年夏
典史	陈连恒	湖南湘乡人	文童	《缙绅全书》《中枢备览》光绪三十一年夏
典史		湖南湘乡人	文童	《缙绅全书》《中枢备览》光绪三十二年春
典史	詹宝模	浙江人	监生	《缙绅全书》光绪三十二年夏
典史	詹宝模	浙江人	监生	《缙绅全书》光绪三十二年秋

职官	人名	籍贯	出身	出处及在职时间及在职时间
典史	詹宝模	浙江人	监生	《缙绅全书》光绪三十二年冬
典史	詹宝模	浙江人	监生	《爵秩全览》光绪三十二年冬
典史	詹宝模	浙江人	监生	《爵秩全览》光绪三十三年春
典史	詹宾模	浙江人	监生	《缙绅全书》《中枢备览》光绪三十三年夏
典史	詹宾模	浙江人	监生	《爵秩全览》光绪三十三年秋
典史	詹宾模	浙江人	监生	《爵秩全览》光绪三十三年冬
典史	詹宾模	浙江人	监生	《爵秩全览》最新百官录　光绪三十四年春
典史	詹宾模	浙江人	监生	《爵秩全览》光绪三十四年夏
典史	詹宾模	浙江人	监生	《爵秩全览》光绪三十四年秋
典史	詹宾模	浙江人	监生	《爵秩全览》光绪三十四年冬

职官	人名	籍贯	出身	出处及在职时间及在职时间
典史	詹宾模	浙江人	监生	《爵秩全览》宣统元年春
典史	詹宾模	浙江人	监生	《爵秩全览》宣统元年夏
典史	詹宾模	浙江人	监生	《爵秩全览》宣统元年秋
典史	詹宾模	浙江人	监生	《爵秩全览》宣统元年冬
典史	詹宾模	浙江人	监生	《缙绅全书》宣统元年冬
典史	詹宾模	浙江人	监生	《爵秩全览》宣统二年春
典史	詹宾模	浙江人	监生	《爵秩全览》宣统二年夏
典史	詹宾模	浙江人	监生	《爵秩全览》宣统二年秋
典史	詹宾模	浙江人	监生	《爵秩全览》宣统二年冬
典史	詹宾模	浙江人	监生	《爵秩全览》宣统三年春

职官	人名	籍贯	出身	出处及在职时间及在职时间
典史	詹宾模	浙江人	监生	《爵秩全览》宣统三年夏
典史	詹宾模	浙江人	监生	《爵秩全览》宣统三年秋

大城营守备

职官	人名	籍贯	出身	出处及在职时间及在职时间
大城营守备	高得伏	陕西人	侍卫	《爵秩新本》《中枢备览》雍正四年夏
大城营守备	麻国庆钱	广西人		《缙绅全书》《中枢备览》道光四年夏

大城汛千总

职官	人名	籍贯	出身	出处及在职时间及在职时间
大城汛千总	王得善	直隶人	行伍	《缙绅全书》《中枢备览》光绪五年冬

职官	人名	籍贯	出身	出处及在职时间及在职时间
大成汛千总	王得善	天津人	行伍	《缙绅全书》《中枢备览》光绪二十七年冬
大成汛千总	王得善	天津人	行伍	《缙绅全书》《中枢备览》光绪二十八年夏 《爵秩全览》
大成汛千总	王得善	天津人	行伍	《缙绅全书》《中枢备览》光绪二十八年秋
大成汛千总	王得善	天津人	行伍	《缙绅全书》《中枢备览》光绪二十八年冬
大成汛千总	王得善	天津人	行伍	《缙绅全书》《中枢备览》光绪二十九年春
大成汛千总	王得善	天津人	行伍	《缙绅全书》《中枢备览》光绪二十九年秋
大成汛千总	王得善	天津人	行伍	《缙绅全书》《中枢备览》光绪二十九年冬
大成汛千总	王得善	天津人	行伍	《缙绅全书》《中枢备览》光绪三十年春

职官	人名	籍贯	出身	出处及在职时间及在职时间
大成汛千总	王得善	天津人	行伍	《缙绅全书》《中枢备览》光绪三十年夏

把　总

职官	人名	籍贯	出身	出处及在职时间及在职时间
把总	高寿昌	直隶人	行伍	《缙绅全书》《中枢备览》道光四年夏
把总	王得善	天津人	行伍	《光绪大城县志》同治十年
把总	高华章	天津人		《光绪大城县志》
把总	马善述	静海人		《光绪大城县志》
把总	郝传科	邑人		《光绪大城县志》

职官	人名	籍贯	出身	出处及在职时间及在职时间
把总	石凤鸣	天津人		《光绪大城县志》

清代高阳职官年表

职官	人名	籍贯	出身	出处及在职时间及在职时间
知县	蒋日红	涿州人	典史	《雍正高阳县志》顺治元年
知县	陈　谦	祥符人	举人	《雍正高阳县志》顺治元年
典史	屈励善	华州人	吏员	《雍正高阳县志》顺治元年
教谕	张四可	海州人	贡士	《雍正高阳县志》顺治元年
训导	姚舜臣	固安人	贡士	《雍正高阳县志》顺治二年
知县	刘嘉注	平原	进士	民国二十年高阳县志 顺治四年
知县	祖大成	满洲人	贡士	《雍正高阳县志》顺至五年
训导	李元鼎	静海人	贡士	《雍正高阳县志》顺治五年
知县	赵文魁	满洲人	贡士	《雍正高阳县志》顺治七年

职官	人名	籍贯	出身	出处及在职时间及在职时间
知县	张文明	满洲人	贡士	《雍正高阳县志》顺治九年
教谕	常德峻	东光人	贡士	《雍正高阳县志》顺治九年
训导	陈元陽	顺天人	贡士	《雍正高阳县志》顺治九年
典史	郭鸣鸾	华洲人	吏员	《雍正高阳县志》顺治十年
训导	郝有光	肥乡人	贡士	《雍正高阳县志》顺治十一年
教谕	何　峋	大兴人	贡士	《雍正高阳县志》顺治十三年
知县	沈纯禔	海监人	选贡	《雍正高阳县志》顺治十五年
典史	杨用我	三原人	吏员	《雍正高阳县志》顺治十五年
教谕	黄道启	玉田人	举人	《雍正高阳县志》顺治十七年

职官	人名	籍贯	出身	出处及在职时间及在职时间
训导	单士华	沧州人	贡士	《雍正高阳县志》顺治十七年
知县	张志禧	昌邑人	进士	《雍正高阳县志》顺治十八年
训导	陈　谟	抚宁人	贡士	《雍正高阳县志》顺治十八年
典史	王自立	青州人	吏员	《雍正高阳县志》康熙元年
知县	廖　玉	吉水人	贡士	《雍正高阳县志》康熙四年
典史	马国柱	会稽人	吏员	《雍正高阳县志》康熙四年
教谕	谷秉谦	丰润人	举人	《雍正高阳县志》康熙四年
典史	顾咸宁	会稽人	吏员	《雍正高阳县志》康熙六年
教谕	刘元烇	枣强人	举人	《雍正高阳县志》康熙七年

职官	人名	籍贯	出身	出处及在职时间及在职时间
知县	翁周鼎	闽县人	举人	《雍正高阳县志》康熙八年
教谕	杨燮春	万全人	举人	《雍正高阳县志》康熙八年
知县	刘允中	锦州人	贡士	《雍正高阳县志》康熙十四年
知县	张士佐	满洲人	监生	《雍正高阳县志》康熙十六年
训导	刘芳振	威县人	贡士	《雍正高阳县志》康熙十七年
知县	孙鸿业	奉天人	癸卯科举人	《雍正高阳县志》康熙十八年
教谕	申明庠	景州人	举人	《雍正高阳县志》康熙十九年
训导	李　牲	肥乡人	贡士	《雍正高阳县志》康熙三十年
知县	卞三祝	奉天人	举人	《雍正高阳县志》康熙三十二年

职官	人名	籍贯	出身	出处及在职时间及在职时间
教谕	王廷谟	沧州人	戊午举人	《雍正高阳县志》康熙三十二年
备注：《民国二十年高阳县志》记载该人官职为笔帖式。				
知县	李绍祖	铁岭人	笔帖式	《雍正高阳县志》康熙三十五年
教谕	张寅	河间人	乙卯举人	《雍正高阳县志》康熙四十二年
典史	李作舟	河南颖州人	吏员	《雍正高阳县志》康熙四十二年
训导	杨士俊	玉田人	贡士	《雍正高阳县志》康熙四十六年
知县	程　焯	山东平阴人	岁贡	《雍正高阳县志》康熙五十一年
知县	李德柄	广东平阴人	举人	《雍正高阳县志》康熙五十一年
典史	邢　辅	山西阳曲人	吏员	《雍正高阳县志》康熙五十三年

职官	人名	籍贯	出身	出处及在职时间及在职时间
教谕	石　宪	豊润人	癸酉举人	《雍正高阳县志》康熙五十五年
训导	张　伸	监山人	贡士	《雍正高阳县志》康熙五十六年
知县	管风苞	浙江海宁人	已丑进士	《雍正高阳县志》康熙五十九年
训导	徐纯祉	大兴人	贡士	《雍正高阳县志》康熙六十年
知县	陈克崈	浙江海宁人	举人	《雍正高阳县志》雍正三年
典史	来凤翔	陕西三原人	驿丞	《雍正高阳县志》雍正三年
训导	孟　超	蓟州人	贡士	《雍正高阳县志》雍正三年
知县	顾　葵	浙江钱唐人	举人	《雍正高阳县志》雍正四年
教谕	邱　湄	锦县人	奉天礼部教习	《雍正高阳县志》雍正五年

职官	人名	籍贯	出身	出处及在职时间及在职时间
管河县丞	李　锦	广东人		《雍正高阳县志》雍正六年
知县	严　洪	浙江乌程人	教习	《雍正高阳县志》雍正六年
训导	王汝翼	涿州人	贡士	《雍正高阳县志》雍正六年
知县	严宗嘉	江西袁州府分宜县人	甲午举人	《雍正高阳县志》雍正七年
典史	张大法	江南含山人	供事	《雍正高阳县志》雍正七年
知县	钱志栋	浙江长兴人	进士	《缙绅新书》乾隆十三年春
教谕	李　缙	宛平人		《缙绅新书》乾隆十三年春
复设训导	刘而越	香河人	岁贡	《缙绅新书》乾隆十三年春
典史	葛休龄	江南新阳人	内供	《缙绅新书》乾隆十三年春

职官	人名	籍贯	出身	出处及在职时间及在职时间
知县加四级	任实坊	江苏人	副榜	《缙绅全本》乾隆二十五年冬
管河县丞	李世武	江苏人	例监	《缙绅全本》乾隆二十五年冬
教谕	马拱辰	昌黎人	举人	《缙绅全本》乾隆二十五年冬
复设训导	张如载	永清人	岁贡	《缙绅全本》乾隆二十五年冬
典史	虞　煌	浙江山阴人		《缙绅全本》乾隆二十五年冬
知县加四级	任实坊	江苏人	副榜	《缙绅全本》乾隆二十六年秋
管河县丞	李世武	江苏人	例监	《缙绅全本》乾隆二十六年秋
教谕	马拱辰	昌黎人	举人	《缙绅全本》乾隆二十六年秋
复设训导	张如载	永清人	岁贡	《缙绅全本》乾隆二十六年秋

职官	人名	籍贯	出身	出处及在职时间及在职时间
典史	虞　煌	浙江山阴人		《缙绅全本》乾隆二十六年秋
知县加三级	许法振	河南安阳人	进士	《缙绅全书》乾隆三十年春
管河县丞	李世武	江苏人	例监	《缙绅全书》乾隆三十年春
教谕	黄锡命	大名人	举人	《缙绅全书》乾隆三十年春
复设训导	张如载	永清人	岁贡	《缙绅全书》乾隆三十年春
典史	李正醇	广东人	监生	《缙绅全书》乾隆三十年春
知县加三级	许法振	河南安阳人	进士	《爵秩全本》乾隆三十年冬
管河县丞	李世武	江苏人	例监	《爵秩全本》乾隆三十年冬
教谕	黄锡命	大名人	举人	《爵秩全本》乾隆三十年冬

职官	人名	籍贯	出身	出处及在职时间及在职时间
复设训导	张如载	永清人	岁贡	《爵秩全本》乾隆三十年冬
典史	余士燮	河南桐柏人	监生	《爵秩全本》乾隆三十年冬
知县加三级	许法振	河南安阳人		《爵秩全本》乾隆三十三年秋
管河县丞	归景照	江苏常熟人	监生	《爵秩全本》乾隆三十三年秋
教谕	韩　裔	天津人	举人	《爵秩全本》乾隆三十三年秋
复设训导	张如载	永清人	岁贡	《爵秩全本》乾隆三十三年秋
知县	许法震			《一档馆》乾隆四十年
知县加一级	周　裕	浙江钱塘人	监生	《缙绅全书》《中枢备览》乾隆四十二年秋
管河县丞	刘　炤	满洲人	监生	《缙绅全书》《中枢备览》乾隆四十二年秋

职官	人名	籍贯	出身	出处及在职时间及在职时间
教谕	李光基	沧州人	举人	《缙绅全书》《中枢备览》乾隆四十二年秋
复设训导	董时行	丰润人	廪贡	《缙绅全书》《中枢备览》乾隆四十二年秋
典史	徐　堂	浙江上虞人	监生	《缙绅全书》《中枢备览》乾隆四十二年秋
知县	胡文英			《一档馆》乾隆四十五年
知县	米步青			《一档馆》乾隆四十五年
知县加一级	胡文英	江苏阳湖人	副榜	《缙绅全书》《中枢备览》乾隆五十三年春
管河县丞	蒋元义	江苏吴县人	监生	《缙绅全书》《中枢备览》乾隆五十三年春
教谕	陈　凤	天津人	举人	《缙绅全书》《中枢备览》乾隆五十三年春
复设训导	李云龙	昌平州人	廪贡	《缙绅全书》《中枢备览》乾隆五十三年春

职官	人名	籍贯	出身	出处及在职时间及在职时间
典史	苏若霖	安徽人	议叙	《缙绅全书》《中枢备览》乾隆五十三年春
知县加一级	程明瀚	湖北孝感人		《缙绅全书》嘉庆元年春
教谕	赵大玉	宁远州人	岁贡	《缙绅全书》嘉庆元年春
管河县丞	蒋元爔	江苏吴县人	保举	《缙绅全书》嘉庆元年春
复设训导	谷生芸	顺天府人	岁贡	《缙绅全书》嘉庆元年春
典史	张学源	安徽青阳人	议叙	《缙绅全书》嘉庆元年春
知县加一级	王　埙	浙江嘉兴人	举人	《缙绅全书》嘉庆二年冬
教谕	赵大玉	宁远州人	岁贡	《缙绅全书》嘉庆二年冬
管河县丞	蒋元爔	江苏吴县人	保举	《缙绅全书》嘉庆二年冬

职官	人名	籍贯	出身	出处及在职时间及在职时间
复设训导	谷生芸	顺天府人	岁贡	《缙绅全书》嘉庆二年冬
典史	张学源	安徽青阳人	议叙	《缙绅全书》嘉庆二年冬
知县加一级	王　埙	浙江嘉兴人	举人	《缙绅全书》嘉庆三年秋
教谕	赵大玉	宁远州人	岁贡	《缙绅全书》嘉庆三年秋
管河县丞	蒋元爔	江苏吴县人	保举	《缙绅全书》嘉庆三年秋
复设训导	谷生芸	顺天府人	岁贡	《缙绅全书》嘉庆三年秋
典史	张学源	安徽青阳人	议叙	《缙绅全书》嘉庆三年秋
知县加一级	王　埙	浙江嘉兴人	举人	《缙绅全书》嘉庆三年冬
教谕	赵大玉	宁远州人	岁贡	《缙绅全书》嘉庆三年冬

职官	人名	籍贯	出身	出处及在职时间及在职时间
管河县丞	蒋元爔	江苏吴县人	保举	《缙绅全书》嘉庆三年冬
复设训导	谷生芸	顺天府人	岁贡	《缙绅全书》嘉庆三年冬
典史	张学源	安徽青阳人	议叙	《缙绅全书》嘉庆三年冬
知县加一级	任铭献	贵州人	举人	《缙绅全书》嘉庆五年冬
教谕	邵自鏻	密云人	举人	《缙绅全书》嘉庆五年冬
管河县丞	蒋元爔	江苏吴县人	保举	《缙绅全书》嘉庆五年冬
复设训导	贾　鳌	天津人	举人	《缙绅全书》嘉庆五年冬
典史	张学源	安徽青阳人	议叙	《缙绅全书》嘉庆五年冬
知县加一级	任铭献	贵州人	举人	《缙绅全书》嘉庆九年春

职官	人名	籍贯	出身	出处及在职时间及在职时间
教谕	邵自鏻	密云人	举人	《缙绅全书》嘉庆九年春
管河县丞	汪应铃	浙江秀水人	监生	《缙绅全书》嘉庆九年春
复设训导	贾　鳌	天津人	举人	《缙绅全书》嘉庆九年春
典史	毕　林	安徽石埭人	监生	《缙绅全书》嘉庆九年春
知县	任铭献			《一档馆》嘉庆十年
知县加一级	任铭献	贵州人	举人	《缙绅全书》《中枢备览》嘉庆十一年春
教谕	邵自鏻	密云人	举人	《缙绅全书》《中枢备览》嘉庆十一年春
管河县丞	汪应铃	浙江秀水人	监生	《缙绅全书》《中枢备览》嘉庆十一年春
复设训导	贾　鳌	天津人	举人	《缙绅全书》《中枢备览》嘉庆十一年春

职官	人名	籍贯	出身	出处及在职时间及在职时间
典史	毕　林	安徽石埭人	监生	《缙绅全书》《中枢备览》嘉庆十一年春
知县加一级	翟德先	山东昌邑人	进士	《缙绅全书》嘉庆十一年夏
教谕	邵自鏻	密云人	举人	《缙绅全书》嘉庆十一年夏
管河县丞	汪应铃	浙江秀水人	监生	《缙绅全书》嘉庆十一年夏
复设训导	贾　鳌	天津人	举人	《缙绅全书》嘉庆十一年夏
典史	毕　林	安徽石埭人	监生	《缙绅全书》嘉庆十一年夏
知县	翟德先			《一档馆》嘉庆十一年
知县	杨　壁			《一档馆》嘉庆十四年
知县	陈佩兰			《一档馆》嘉庆十四年

职官	人名	籍贯	出身	出处及在职时间及在职时间
知县加一级	刘拔韦	广西人	举人	《缙绅全书》嘉庆十七年秋
教谕	邵自鏻	密云人	举人	《缙绅全书》嘉庆十七年秋
管河县丞	倪时庆	浙江钱塘人	监生	《缙绅全书》嘉庆十七年秋
复设训导	贾　鳌	天津人	举人	《缙绅全书》嘉庆十七年秋
典史	徐秉贤	江苏吴县人	监生	《缙绅全书》嘉庆十七年秋
知县加一级	卜光煜	云南昆明人	举人	《缙绅全书》嘉庆二十一年冬
管河县丞	厉维梁	浙江山阴人	监生	《缙绅全书》嘉庆二十一年冬
教谕	王麟齐	大兴人	举人	《缙绅全书》嘉庆二十一年冬
复设训导	吴元俊	武强人	廪贡	《缙绅全书》嘉庆二十一年冬

职官	人名	籍贯	出身	出处及在职时间及在职时间
典史	徐秉贤	江苏吴县人	监生	《缙绅全书》嘉庆二十一年冬
知县加一级	何　棻	四川岳池人	进士	《缙绅全书》嘉庆二十二年春
管河县丞	冯季曾	山西屯留人	监生	《缙绅全书》嘉庆二十二年春
教谕	张雷清	深州人	举人	《缙绅全书》嘉庆二十二年春
复设训导	吴元俊	武强人	廪贡	《缙绅全书》嘉庆二十二年春
典史	徐秉贤	江苏吴县人	监生	《缙绅全书》嘉庆二十二年春
知县	何　棻	四川岳池人	进士	《缙绅全书》（大）嘉庆二十二年冬
管河县丞	冯季曾	山西屯留人	监生	《缙绅全书》（大）嘉庆二十二年冬 《缙绅全书》（小）
教谕	张雷清	深州人	举人	《缙绅全书》（大）嘉庆二十二年冬 《缙绅全书》（小）

职官	人名	籍贯	出身	出处及在职时间及在职时间
复设训导	吴元俊	武强人	廪贡	《缙绅全书》（大）嘉庆二十二年冬 《缙绅全书》（小）
典史	徐秉贤	江苏吴县人	监生	《缙绅全书》（大）嘉庆二十二年冬 《缙绅全书》（小）
知县加一级	何　棻	四川岳池人	进士	《缙绅全书》（小）嘉庆二十二年冬
知县加一级	卜光煜	云南昆明人	举人	《缙绅全书》嘉庆二十五年夏
管河县丞	厉维梁	浙江山阴人	监生	《缙绅全书》嘉庆二十五年夏
教谕	王麟齐	大兴人	举人	《缙绅全书》嘉庆二十五年夏
复设训导	吴元俊	武强人	廪贡	《缙绅全书》嘉庆二十五年夏
典史	徐秉贤	江苏吴县人	监生	《缙绅全书》嘉庆二十五年夏
知县加一级	方　榘	江苏海州人	拔贡	《缙绅全书》《中枢备览》道光四年夏

职官	人名	籍贯	出身	出处及在职时间及在职时间
管河县丞	厉维梁	浙江萧山人	监生	《缙绅全书》《中枢备览》道光四年夏
教谕	唱天职	卢龙人	举人	《缙绅全书》《中枢备览》道光四年夏
复设训导	孙绍登	天津人	举人	《缙绅全书》《中枢备览》道光四年夏
典史	徐秉贤	江苏吴县人	监生	《缙绅全书》《中枢备览》道光四年夏
知县	方　檕	江苏吴县人	拔贡	《缙绅全书》道光四年夏
管河县丞	厉维梁	浙江萧山人	监生	《缙绅全书》道光四年夏
教谕	唱天职	卢龙人	举人	《缙绅全书》道光四年夏
复设训导	孙绍登	天津人	举人	《缙绅全书》道光四年夏
典史	徐秉贤	江苏吴县人	监生	《缙绅全书》道光四年夏

职官	人名	籍贯	出身	出处及在职时间及在职时间
知县	方　矩			《一档馆》道光四年
知县	张孔道	四川巴县人	举人	《爵秩全览》道光六年秋
管河县丞	朱瑞金	浙江乌程人	廪贡	《爵秩全览》道光六年秋
教谕	刘曾璥	天津人	举人	《爵秩全览》道光六年秋
复设训导	孙绍登	天津人	举人	《爵秩全览》道光六年秋
典史	陈　樾	安徽石埭人	监生	《爵秩全览》道光六年秋
知县加一级	张孔道	四川巴县人		《缙绅全书》道光七年春
管河县丞	朱瑞金	浙江人	廪贡	《缙绅全书》道光七年春
教谕	刘会璥	天津人	举人	《缙绅全书》道光七年春

职官	人名	籍贯	出身	出处及在职时间及在职时间
复设训导	孙绍登	天津人	举人	《缙绅全书》道光七年春
典史	陈　越	安徽石埭	监生	《缙绅全书》道光七年春
知县加一级	钱任钧	浙江仁和人		《缙绅全书》道光十年冬
管河县丞	朱瑞金	浙江乌程人	□贡	《缙绅全书》道光十年冬
教谕	刘会璥	盐山人	举人	《缙绅全书》道光十年冬
复设训导	孙绍登	天津人	举人	《缙绅全书》道光十年冬
典史	黄文楷	福建漳平人	监生	《缙绅全书》道光十年冬
知县加一级	段绍圭	湖南常宁人	举人	《缙绅全书》《中枢备览》道光十三年夏
教谕	刘会璥	监山县人	举人	《缙绅全书》《中枢备览》道光十三年夏

职官	人名	籍贯	出身	出处及在职时间及在职时间
复设训导	孙绍登	天津人	举人	《缙绅全书》《中枢备览》道光十三年夏
典史	黄文楷	福建漳平人	监生	《缙绅全书》《中枢备览》道光十三年夏
知县加一级	段绍圭	湖南常宁人	举人	《缙绅全书》道光十四年春
教谕	刘会璬	监山县人	举人	《缙绅全书》道光十四年春
复设训导	孙绍登	天津人	举人	《缙绅全书》道光十四年春
典史	黄文楷	福建漳平人	监生	《缙绅全书》道光十四年春
知县加一级	段绍圭	湖南常宁人	举人	《缙绅全书》道光十四年夏
教谕	刘会璬	监山县人	举人	《缙绅全书》道光十四年夏
复设训导	孙绍登	天津人	举人	《缙绅全书》道光十四年夏

职官	人名	籍贯	出身	出处及在职时间及在职时间
典史	黄文楷	福建漳平人	监生	《缙绅全书》道光十四年夏
知县加一级	叚绍圭	湖南常宁人	举人	《缙绅全书》《中枢备览》道光十六年夏
教谕	刘会璬	监山县人	举人	《缙绅全书》《中枢备览》道光十六年夏
复设训导	孙绍登	天津人	举人	《缙绅全书》《中枢备览》道光十六年夏
典史	孙慧勳	江苏金匮人	监生	《缙绅全书》《中枢备览》道光十六年夏
知县加一级	叚绍圭	湖南常宁人	举人	《缙绅全书》道光十六年秋
复设训导	孙绍登	天津人	举人	《缙绅全书》道光十六年秋
教谕	刘会璬	盐山县人	举人	《缙绅全书》道光十六年秋
典史	孙慧勳	江苏金匮人	监生	《缙绅全书》道光十六年秋

职官	人名	籍贯	出身	出处及在职时间及在职时间
知县加一级	段绍圭	湖南常宁人	举人	《缙绅全书》《中枢备览》道光十六年冬
复设训导	孙绍登	天津人	举人	《缙绅全书》《中枢备览》道光十六年冬
教谕	刘会璥	盐山县人	举人	《缙绅全书》《中枢备览》道光十六年冬
典史	孙慧勳	江苏金匮人	监生	《缙绅全书》《中枢备览》道光十六年冬
知县	段绍圭			《一档馆》道光十六年
知县加一级	段绍圭	湖南常宁人	举人	《缙绅全书》道光十七年秋
复设训导	孙绍登	天津人	举人	《缙绅全书》道光十七年秋
教谕	张翼轸	顺天人	举人	《缙绅全书》道光十七年秋
典史	孙慧勳	江苏金匮人	监生	《缙绅全书》道光十七年秋

职官	人名	籍贯	出身	出处及在职时间及在职时间
知县加一级	周尔熞	浙江嘉兴人	监生	《缙绅全书》道光十八年夏
复设训导	孙绍登	天津人	举人	《缙绅全书》道光十八年夏
教谕	张翼轸	顺天人	举人	《缙绅全书》道光十八年夏
典史	孙慧勳	江苏金匮人	监生	《缙绅全书》道光十八年夏
知县	周尔熞	浙江嘉兴人	监生	《爵秩全览》道光十九年夏
复设训导	孙绍登	天津人	举人	《爵秩全览》道光十九年夏
教谕	张翼轸	顺天人	举人	《爵秩全览》道光十九年夏
典史	高　诚	安徽贵池人	供事	《爵秩全览》道光十九年夏
知县加一级	陈希敬	浙江海盐人	进士	《缙绅全书》道光二十年秋

职官	人名	籍贯	出身	出处及在职时间及在职时间
复设训导	孙绍登	天津人	举人	《缙绅全书》道光二十年秋
教谕	张翼轸	顺天人	举人	《缙绅全书》道光二十年秋
典史	高　诚	安徽贵池人	供事	《缙绅全书》道光二十年秋
知县加一级	陈希敬	浙江海盐人	进士	《缙绅全书》道光二十年冬
复设训导	孙绍登	天津人	举人	《缙绅全书》道光二十年冬
教谕	张翼轸	顺天人	举人	《缙绅全书》道光二十年冬
典史	高　诚	安徽贵池人	供事	《缙绅全书》道光二十年冬
知县加一级	林士裕	福建侯官人		《缙绅全书》《中枢备览》道光二十二年春
教谕	张翼轸	顺天人	举人	《缙绅全书》《中枢备览》道光二十二年春

职官	人名	籍贯	出身	出处及在职时间及在职时间
复设训导	孙绍登	天津人	举人	《缙绅全书》《中枢备览》道光二十二年春
典史	宾尔载	江苏无锡人	监生	《缙绅全书》《中枢备览》道光二十二年春
知县加一级	林士裕	福建侯官人		《缙绅全书》道光二十二年冬
教谕	陈　原	河间人	举人	《缙绅全书》道光二十二年冬
复设训导	孙绍登	天津人	举人	《缙绅全书》道光二十二年冬
典史	宾尔载	江苏无锡人	监生	《缙绅全书》道光二十二年冬
知县	姚恩绶			《一档馆》光绪二十二年
知县加一级	贺祥麟	湖南浏阳人		《缙绅全书》道光二十五年夏
教谕	陈　原	河间人	举人	《缙绅全书》道光二十五年夏
复设训导	孙绍登	天津人	举人	《缙绅全书》道光二十五年夏

职官	人名	籍贯	出身	出处及在职时间及在职时间
典史	宾尔载	江苏无锡人	监生	《缙绅全书》道光二十五年夏
知县加一级	贺祥麟	湖南浏阳人		《缙绅全书》道光二十五年秋
教谕	陈　原	河间人	举人	《缙绅全书》道光二十五年秋
复设训导	孙绍登	天津人	举人	《缙绅全书》道光二十五年秋
典史	宾尔载	江苏无锡人	监生	《缙绅全书》道光二十五年秋
知县	任沛霖	江苏海盐人	进士	《爵秩全览》道光二十六年
教谕	陈　原	河间人	举人	《爵秩全览》道光二十六年
复设训导	孙绍登	天津人	举人	《爵秩全览》道光二十六年
典史	宾尔载	江苏无锡人	监生	《爵秩全览》道光二十六年

职官	人名	籍贯	出身	出处及在职时间及在职时间
知县加一级	任沛霖	江苏海盐人	进士	《缙绅全书》道光二十七年夏
教谕	陈　原	河间人	举人	《缙绅全书》道光二十七年夏
复设训导	孙绍登	天津人	举人	《缙绅全书》道光二十七年夏
典史	宾尔载	江苏无锡人	监生	《缙绅全书》道光二十七年夏
知县加一级	任沛霖	江苏海盐人	进士	《缙绅全书》道光二十七年秋
教谕	陈　原	河间人	举人	《缙绅全书》道光二十七年秋
复设训导	孙绍登	天津人	举人	《缙绅全书》道光二十七年秋
典史	宾尔载	江苏无锡人	监生	《缙绅全书》道光二十七年秋
知县	任沛霖	江苏海盐人	进士	《爵秩全览》道光二十八年夏

职官	人名	籍贯	出身	出处及在职时间及在职时间
教谕	陈　原	河间人	廪贡	《爵秩全览》道光二十八年夏
复设训导	孙绍登	天津人	举人	《爵秩全览》道光二十八年夏
典史		江苏无锡人	监生	《爵秩全览》道光二十八年夏
知县加一级		江苏海盐人	进士	《缙绅全书》道光二十八年冬
教谕	陈　原	河间人	举人	《缙绅全书》道光二十八年冬
复设训导	张师载	昌平州人	附贡	《缙绅全书》道光二十八年冬
典史	宾雨载	江苏无锡人	监生	《缙绅全书》道光二十八年冬
教谕	陈　原	河间人	举人	《缙绅全书》道光二十九年夏
复设训导	张师载	昌平州人	附贡	《缙绅全书》道光二十九年夏

职官	人名	籍贯	出身	出处及在职时间及在职时间
典史	宾雨载	江苏无锡人	监生	《缙绅全书》道光二十九年夏
知县	萧尚钦	贵州平越人	进士	《爵秩全览》咸丰元年夏
教谕	陈　原	河间府人	廪贡	《爵秩全览》咸丰元年夏
复设训导	张师载	顺天府人	优贡	《爵秩全览》咸丰元年夏
典史	宾雨载	江苏无锡人	监生	《爵秩全览》咸丰元年夏
知县	李辉会	山东临清人	供事	《爵秩全览》咸丰二年冬
备注：《缙绅全书》咸丰四年》中记载该人出身为议叙。				
教谕	陈　原	河间府人	廪贡	《爵秩全览》咸丰二年冬
复设训导	张师载	顺天府人	优贡	《爵秩全览》咸丰二年冬

职官	人名	籍贯	出身	出处及在职时间及在职时间
典史	顾　堮	江苏吴县人	监生	《爵秩全览》咸丰二年冬
知县	李辉会	山东临清人	供事	《缙绅全书》咸丰三年夏
教谕	陈　原	河间人	举人	《缙绅全书》咸丰三年夏
复设训导	张师载	顺天人	优贡	《缙绅全书》咸丰三年夏
典史	顾　堮	江苏吴县人	监生	《缙绅全书》咸丰三年夏
知县加一级	任沛霖	江苏海盐人		《缙绅全书》咸丰四年春
教谕	陈　原	河间人	举人	《缙绅全书》咸丰四年春
复设训导	孙绍登	天津人	举人	《缙绅全书》咸丰四年春
典史	宾雨载	江苏无锡人	监生	《缙绅全书》咸丰四年春

职官	人名	籍贯	出身	出处及在职时间及在职时间
知县	李辉会	山东临清人	议叙	《缙绅全书》咸丰四年
教谕	陈　原	河间人	举人	《缙绅全书》咸丰四年
复设训导	张　嵇	大名人	廪贡	《缙绅全书》咸丰四年
典史	顾　塄	江苏吴县人	监生	《缙绅全书》咸丰四年
知县	胡　岳	湖北天门人	举人	《爵秩全览》咸丰六年春
教谕	陈　原	河间府人	廪贡	《爵秩全览》咸丰六年春
复设训导	张　嵇	大名府人	廪贡	《爵秩全览》咸丰六年春
典史	顾　塄	江苏吴县人	监生	《爵秩全览》咸丰六年春
知县加一级	胡　岳	湖北天门人	举人	《缙绅全书》咸丰六年春

职官	人名	籍贯	出身	出处及在职时间及在职时间
教谕	陈　原	河间人	举人	《缙绅全书》咸丰六年春
复设训导	张　稖	大名人	廪贡	《缙绅全书》咸丰六年春
典史	顾　塄	江苏吴县人	监生	《缙绅全书》咸丰六年春
知县	范　骥	湖南湘阴人	举人	《爵秩全览》咸丰六年夏
教谕	李攀麟	永平府人	举人	《爵秩全览》咸丰六年夏
复设训导	张　稖	大名府人	廪贡	《爵秩全览》咸丰六年夏
典史	顾　塄	江苏吴县人	监生	《爵秩全览》咸丰六年夏
知县	范　骥	湖南湘阴人	举人	《爵秩全览》咸丰七年秋
教谕	李攀麟	永平府人	举人	《爵秩全览》咸丰七年秋

职官	人名	籍贯	出身	出处及在职时间及在职时间
复设训导	张　稌	大名府人	廪贡	《爵秩全览》咸丰七年秋
典史	顾　堮	江苏吴县人	监生	《爵秩全览》咸丰七年秋
教谕	陈　原	河间府人	廪贡	《爵秩全览》咸丰七年冬
复设训导	张　稌	大名府人	廪贡	《爵秩全览》咸丰七年冬
典史	顾　堮	江苏吴县人	监生	《爵秩全览》咸丰七年冬
知县加一级	范　骥	湖南湘阴人	举人	《缙绅全书》咸丰八年冬
教谕	李攀麟	永平人	举人	《缙绅全书》咸丰八年冬
复设训导	张　稌	大名人	廪贡	《缙绅全书》咸丰八年冬
典史	顾　堮	江苏吴县人	监生	《缙绅全书》咸丰八年冬

职官	人名	籍贯	出身	出处及在职时间及在职时间
知县加一级	范　骧	湖南湘阴人	举人	《缙绅全书》咸丰九年夏
教谕	李攀麟	永平人	举人	《缙绅全书》咸丰九年夏
复设训导	张　嵇	大名人	廪贡	《缙绅全书》咸丰九年夏
典史	顾　塄	江苏吴县人	监生	《缙绅全书》咸丰九年夏
知县	范　骧	湖南湘阴人	举人	《缙绅全书》咸丰十年秋
教谕	李攀麟	永平人	举人	《缙绅全书》咸丰十年秋
复设训导	张　嵇	大名人	廪贡	《缙绅全书》咸丰十年秋
典史	顾　塄	江苏吴县人	监生	《缙绅全书》咸丰十年秋
知县	范　骧	湖南湘阴人	举人	《缙绅全书》咸丰十年

职官	人名	籍贯	出身	出处及在职时间及在职时间
教谕	李攀麟	永平人	举人	《缙绅全书》咸丰十年
复设训导	张　嵇	大名人	廪贡	《缙绅全书》咸丰十年
典史	顾　塄	江苏吴县人	监生	《缙绅全书》咸丰十年
知县加一级	王　塏	山东人	贡生	《缙绅全书》同治四年夏
教谕	张康侯	广平人	举人	《缙绅全书》同治四年夏
复设训导	张　嵇	大名人	廪贡	《缙绅全书》同治四年夏
典史	沈昌本	浙江萧山人	监生	《缙绅全书》同治四年夏
知县		山东人	贡生	《缙绅全书》同治五年春
教谕	张康侯	广平人	举人	《缙绅全书》同治五年春

职官	人名	籍贯	出身	出处及在职时间及在职时间
复设训导	张　秾	大名人	廪贡	《缙绅全书》同治五年春
典史	沈昌本	浙江萧山人	监生	《缙绅全书》同治五年春
知县	张恩煦	山东人	进士	《爵秩全览》同治六年春
教谕	张康侯	广平人	举人	《爵秩全览》同治六年春
复设训导	李若樾	永平人	岁贡	《爵秩全览》同治六年春
典史	沈昌本	浙江萧山人	监生	《爵秩全览》同治六年春
知县加一级	张恩煦	山东人	进士	《缙绅全书》同治六年春
教谕	张康侯	广平人	举人	《缙绅全书》同治六年春
复设训导	李若樾	永平人	岁贡	《缙绅全书》同治六年春

职官	人名	籍贯	出身	出处及在职时间及在职时间
典史	沈昌本	浙江萧山人	监生	《缙绅全书》同治六年春
知县	张恩煦	山东人	进士	《缙绅全书》同治六年秋
教谕	张康侯	广平人	举人	《缙绅全书》同治六年秋
复设训导	李若樾	永平人	岁贡	《缙绅全书》同治六年秋
典史	沈昌本	浙江萧山人	监生	《缙绅全书》同治六年秋
知县	张恩旭		进士	民国二十年高阳县志 同治七年
备注：《民国二十年高阳县志》记载该人该年剿匪 地点记载为丢失。				
知县	张恩煦	山东人	进士	《缙绅全书》同治八年春
教谕	张康侯	广平人	举人	《缙绅全书》同治八年春
复设训导	李若樾	永平人	岁贡	《缙绅全书》同治八年春

职官	人名	籍贯	出身	出处及在职时间及在职时间
典史	沈昌本	浙江萧山人	监生	《缙绅全书》同治八年春
知县加一级	张恩煦	山东人	进士	《缙绅全书》同治八年冬
教谕	张康侯	广平人	举人	《缙绅全书》同治八年冬
复设训导	李若樾	永平人	岁贡	《缙绅全书》同治八年冬
典史	沈昌本	浙江萧山人	监生	《缙绅全书》同治八年冬
教谕	张康侯	广平人	举人	《爵秩全览》同治九年春
复设训导	李若樾	永平人	岁贡	《爵秩全览》同治九年春
典史	沈昌本	浙江萧山人	监生	《爵秩全览》同治九年春
知县		山东福山人	进士	《缙绅全书》同治九年夏

职官	人名	籍贯	出身	出处及在职时间及在职时间
教谕	张康侯	广平人	举人	《缙绅全书》同治九年夏
复设训导	李若樾	永平人	岁贡	《缙绅全书》同治九年夏
典史	沈昌本	浙江萧山人	监生	《缙绅全书》同治九年夏
知县	额尔德恩	满洲厢蓝旗人	举人	《爵秩全览》同治九年秋
教谕	张康侯	广平人	举人	《爵秩全览》同治九年秋
复设训导	李若樾	永平人	岁贡	《爵秩全览》同治九年秋
典史	沈昌本	浙江萧山人	监生	《爵秩全览》同治九年秋
知县加一级	额尔德恩	满洲厢蓝旗人	举人	《缙绅全书》同治九年冬
教谕	张康侯	广平人	举人	《缙绅全书》同治九年冬

职官	人名	籍贯	出身	出处及在职时间及在职时间
复设训导	李若樾	永平人	岁贡	《缙绅全书》同治九年冬
典史	沈昌本	浙江萧山人	监生	《缙绅全书》同治九年冬
知县加一级	李宴卿	奉天吉林人	岁贡	《缙绅全书》同治十年春
教谕	张康侯	广平人	举人	《缙绅全书》同治十年春
复设训导	李若樾	永平人	岁贡	《缙绅全书》同治十年春
典史	沈昌本	浙江萧山人	监生	《缙绅全书》同治十年春
知县加一级	杨文涛	山东嘉祥人	供事	《缙绅全书》同治十年夏
教谕	张康侯	广平人	举人	《缙绅全书》同治十年夏
复设训导	李若樾	永平人	岁贡	《缙绅全书》同治十年夏

职官	人名	籍贯	出身	出处及在职时间及在职时间
典史	沈昌本	浙江萧山人	监生	《缙绅全书》同治十年夏
知县加一级	杨文涛	山东嘉祥人	供事	《缙绅全书》同治十一年夏
教谕	张康侯	广平人	举人	《缙绅全书》同治丨一年夏
复设训导	李若樾	永平人	岁贡	《缙绅全书》同治十一年夏
典史	沈昌本	浙江萧山人	监生	《缙绅全书》同治十一年夏
知县加一级	杨文涛	山东嘉祥人	供事	《缙绅全书》《中枢备览》同治十一年秋
教谕	张康侯	广平人	举人	《缙绅全书》《中枢备览》同治十一年秋
复设训导	李若樾	永平人	岁贡	《缙绅全书》《中枢备览》同治十一年秋
典史	沈昌本	浙江萧山人	监生	《缙绅全书》《中枢备览》同治十一年秋

职官	人名	籍贯	出身	出处及在职时间及在职时间
知县加一级	杨文涛	山东嘉祥人	供事	《缙绅全书》同治十二年冬
教谕	张康侯	广平人	举人	《缙绅全书》同治十二年冬
复设训导	李若樾	永平人	岁贡	《缙绅全书》同治十二年冬
典史	沈昌本	浙江萧山人	监生	《缙绅全书》同治十二年冬
知县加一级		山东嘉祥人		《缙绅全书》同治十三年春
教谕	张康侯	广平人	举人	《缙绅全书》同治十三年春
复设训导	李若樾	永平人	岁贡	《缙绅全书》同治十三年春
典史	沈昌本	浙江萧山人	监生	《缙绅全书》同治十三年春
教谕	张康侯	广平人	举人	《爵秩全览》同治十三年夏

职官	人名	籍贯	出身	出处及在职时间及在职时间
复设训导	李若樾	永平人	岁贡	《爵秩全览》同治十三年夏
典史	沈昌本	浙江萧山人	监生	《爵秩全览》同治十三年夏
知县加一级		山东嘉祥人	供事	《缙绅全书》同治十三年秋
教谕	张康侯	广平人	举人	《缙绅全书》同治十三年秋
复设训导	李若樾	永平人	岁贡	《缙绅全书》同治十三年秋
典史	沈昌本	浙江萧山人	监生	《缙绅全书》同治十三年秋
知县加一级	赵映辰	奉天承德人	进士	《缙绅全书》同治十三年冬
教谕	张康侯	广平人	举人	《缙绅全书》同治十三年冬
复设训导	李若樾	永平人	岁贡	《缙绅全书》同治十三年冬

职官	人名	籍贯	出身	出处及在职时间及在职时间
典史	沈昌本	浙江萧山人	监生	《缙绅全书》同治十三年冬
知县	赵映辰	奉天承德人	进士	《爵秩全览》同治十三年冬
教谕	张康侯	广平人	举人	《爵秩全览》同治十三年冬
复设训导	李若樾	永平人	岁贡	《爵秩全览》同治十三年冬
典史	沈昌本	浙江萧山人	监生	《爵秩全览》同治十三年冬
知县加一级	赵映辰	奉天承德人	进士	《缙绅全书》《中枢备览》同治十三年冬
教谕	张康侯	广平人	举人	《缙绅全书》《中枢备览》同治十三年冬
复设训导	李若樾	永平人	岁贡	《缙绅全书》《中枢备览》同治十三年冬
典史	沈昌本	浙江萧山人	监生	《缙绅全书》《中枢备览》同治十三年冬

职官	人名	籍贯	出身	出处及在职时间及在职时间
知县	赵映辰	奉天承德人	进士	《爵秩全览》光绪元年夏
教谕	张康侯	广平人	举人	《爵秩全览》光绪元年夏
复设训导	李若樾	永平人	岁贡	《爵秩全览》光绪元年夏
典史	沈昌本	浙江萧山人	监生	《爵秩全览》光绪元年夏
知县	马瑞辰	山东临邑人	进士	《爵秩全览》光绪元年秋
教谕	张康侯	广平人	举人	《爵秩全览》光绪元年秋
复设训导	李若樾	永平人	岁贡	《爵秩全览》光绪元年秋
典史	沈昌本	浙江萧山人	监生	《爵秩全览》光绪元年秋
知县加一级	马瑞辰	山东临邑人	进士	《缙绅全书》光绪二年秋

职官	人名	籍贯	出身	出处及在职时间及在职时间
教谕	张康侯	广平人	举人	《缙绅全书》光绪二年秋
复设训导	李若樾	永平人	岁贡	《缙绅全书》光绪二年秋
典史	沈昌本	浙江萧山人	监生	《缙绅全书》光绪二年秋
知县	马瑞辰	山东临邑人	进士	《爵秩全览》光绪二年冬
教谕	张康侯	广平人	举人	《爵秩全览》光绪二年冬
复设训导	李若樾	永平人	岁贡	《爵秩全览》光绪二年冬
典史	沈昌本	浙江萧山人	监生	《爵秩全览》光绪二年冬
知县加一级	马瑞辰	山东临邑人	进士	《缙绅全书》《中枢备览》光绪三年夏
教谕	刘廷霖	顺天人	举人	《缙绅全书》《中枢备览》光绪三年夏

职官	人名	籍贯	出身	出处及在职时间及在职时间
复设训导	李若樾	永平人	岁贡	《缙绅全书》《中枢备览》光绪三年夏
典史	沈昌本	浙江萧山人	监生	《缙绅全书》《中枢备览》光绪三年夏
知县加一级	马瑞辰	山东临邑人	进士	《缙绅全书》光绪三年秋
教谕	刘廷霖	顺天人	举人	《缙绅全书》光绪三年秋
复设训导	李若樾	永平人	岁贡	《缙绅全书》光绪三年秋
典史	沈昌本	浙江萧山人	监生	《缙绅全书》光绪三年秋
知县	马瑞辰	山东临邑人	进士	《爵秩全览》光绪三年冬
教谕	刘廷霖	顺天人	举人	《爵秩全览》光绪三年冬
复设训导	李若樾	永平人	岁贡	《爵秩全览》光绪三年冬

职官	人名	籍贯	出身	出处及在职时间及在职时间
典史	沈昌本	浙江萧山人	监生	《爵秩全览》光绪三年冬
知县加一级		江苏章榆人	进士	《缙绅全书》《中枢备览》光绪四年秋
教谕	刘廷霖	顺天人	举人	《缙绅全书》《中枢备览》光绪四年秋
复设训导	李若檝	永平人	岁贡	《缙绅全书》《中枢备览》光绪四年秋
典史	沈昌本	浙江萧山人	监生	《缙绅全书》《中枢备览》光绪四年秋
知县	马瑞辰	山东临邑人	进士	《爵秩全览》光绪四年冬
教谕	刘廷霖	顺天人	举人	《爵秩全览》光绪四年冬
复设训导	李若檝	永平人	岁贡	《爵秩全览》光绪四年冬
典史	沈昌本	浙江萧山人	监生	《爵秩全览》光绪四年冬

职官	人名	籍贯	出身	出处及在职时间及在职时间
知县加一级		江苏章榆人	进士	《缙绅全书》光绪五年春
教谕	刘廷霖	顺天人	举人	《缙绅全书》光绪五年春
复设训导	李若樾	永平人	岁贡	《缙绅全书》光绪五年春
典史	沈昌本	浙江萧山人	监生	《缙绅全书》光绪五年春
知县加一级	马瑞辰	山东临邑人	进士	《缙绅全书》光绪五年秋
教谕	刘廷霖	顺天人	举人	《缙绅全书》光绪五年秋
复设训导	李若樾	永平人	岁贡	《缙绅全书》光绪五年秋
典史	沈昌本	浙江萧山人	监生	《缙绅全书》光绪五年秋
知县加一级	马瑞辰	山东临邑人	进士	《缙绅全书》《中枢备览》光绪五年冬

职官	人名	籍贯	出身	出处及在职时间及在职时间
教谕	丁　琪	顺天人	举人	《缙绅全书》《中枢备览》光绪五年冬
复设训导	李若檝	永平人	岁贡	《缙绅全书》《中枢备览》光绪五年冬
典史	沈昌本	浙江萧山人	监生	《缙绅全书》《中枢备览》光绪五年冬
知县加一级	徐铭勳	陕西咸宁人	进士	《缙绅全书》光绪七年春
教谕	丁　琪	顺天人	举人	《缙绅全书》光绪七年春
复设训导	李若檝	永平人	岁贡	《缙绅全书》光绪七年春
典史	沈昌本	浙江萧山人	监生	《缙绅全书》光绪七年春
知县	徐铭勳	陕西咸宁人	进士	《爵秩全览》光绪七年冬
教谕	丁　琪	顺天人	举人	《爵秩全览》光绪七年冬

职官	人名	籍贯	出身	出处及在职时间及在职时间
复设训导	李若樾	永平人	岁贡	《爵秩全览》光绪七年冬
典史	沈昌本	浙江萧山人	监生	《爵秩全览》光绪七年冬
知县加一级	徐铭勳	陕西咸宁人	进士	《缙绅全书》光绪七年冬
教谕	丁　琪	顺天人	举人	《缙绅全书》光绪七年冬
复设训导	李若樾	永平人	岁贡	《缙绅全书》光绪七年冬
典史	沈昌本	浙江萧山人	监生	《缙绅全书》光绪七年冬
知县加一级	徐铭勳	陕西咸宁人	进士	《缙绅全书》光绪八年冬
教谕	丁　琪	顺天人	举人	《缙绅全书》光绪八年冬
复设训导	李若樾	永平人	岁贡	《缙绅全书》光绪八年冬

职官	人名	籍贯	出身	出处及在职时间及在职时间
典史	沈昌本	浙江萧山人	监生	《缙绅全书》光绪八年冬
知县	盛　鸿	浙江富阳县人	举人	《爵秩全览》光绪十年夏
教谕	丁　琪	天津人	举人	《爵秩全览》光绪十年夏
复设训导	李若樾	永平人	岁贡	《爵秩全览》光绪十年夏
典史	沈昌本	浙江萧山人	监生	《爵秩全览》光绪十年夏
知县	盛　鸿	浙江富阳县人	举人	《爵秩全览》光绪十年秋
教谕	丁　琪	天津人	举人	《爵秩全览》光绪十年秋
复设训导	李若樾	永平人	岁贡	《爵秩全览》光绪十年秋
典史	沈昌本	浙江萧山人	监生	《爵秩全览》光绪十年秋

职官	人名	籍贯	出身	出处及在职时间及在职时间
知县	盛　鸿	浙江富阳县人	举人	《爵秩全览》光绪十一年春
教谕	丁　琪	天津人	举人	《爵秩全览》光绪十一年春
复设训导	毛毓琛	顺天府人	举人	《爵秩全览》光绪十一年春
典史	沈昌本	浙江萧山人	监生	《爵秩全览》光绪十一年春
知县	盛　鸿	浙江富阳县人	举人	《爵秩全览》光绪十一年夏
教谕	丁　琪	天津人	举人	《爵秩全览》光绪十一年夏
复设训导	毛毓琛	顺天府人	举人	《爵秩全览》光绪十一年夏
典史	沈昌本	浙江萧山人	监生	《爵秩全览》光绪十一年夏
知县	盛　鸿	浙江富阳县人	举人	《爵秩全览》光绪十一年秋

职官	人名	籍贯	出身	出处及在职时间及在职时间
教谕	周世芳	冀州人	廪贡	《爵秩全览》光绪十一年秋
复设训导	毛毓琛	顺天府人	举人	《爵秩全览》光绪十一年秋
典史	沈昌本	浙江萧山人	监生	《爵秩全览》光绪十一年秋
知县	盛　鸿	浙江富阳人	举人	《爵秩全览》光绪十二年夏
教谕	周世芳	冀州人	廪贡	《爵秩全览》光绪十二年夏
复设训导	毛毓琛	顺天府人	举人	《爵秩全览》光绪十二年夏
典史	沈昌本	浙江萧山人	监生	《爵秩全览》光绪十二年夏
加三级同知用知县	盛　鸿	浙江富阳人	举人	《缙绅全书》光绪十二年秋
教谕	周世芳	冀州人	廪贡	《缙绅全书》光绪十二年秋

职官	人名	籍贯	出身	出处及在职时间及在职时间
复设训导	毛毓琛	顺天府人	举人	《缙绅全书》光绪十二年秋
典史	沈昌本	浙江萧山人	监生	《缙绅全书》光绪十二年秋
知县	盛　鸿	浙江富阳人	举人	《爵秩全览》光绪十三年春
教谕	周世芳	冀州人	廪贡	《爵秩全览》光绪十三年春
复设训导	毛毓琛	顺天府人	举人	《爵秩全览》光绪十三年春
典史	沈昌本	浙江萧山人	监生	《爵秩全览》光绪十三年春
加三级同知用知县	盛　鸿	浙江富阳人	举人	《缙绅全书》《中枢备览》光绪十三年夏
教谕	周世芳	冀州人	廪贡	《缙绅全书》《中枢备览》光绪十三年夏
复设训导	毛毓琛	顺天府人	举人	《缙绅全书》《中枢备览》光绪十三年夏

职官	人名	籍贯	出身	出处及在职时间及在职时间
典史	沈昌本	浙江萧山人	监生	《缙绅全书》《中枢备览》光绪十三年夏
加三级同知用知县	盛　鸿	浙江富阳人	举人	《缙绅全书》光绪十三年冬
教谕	周世芳	冀州人	廪贡	《缙绅全书》光绪十三年冬
复设训导	毛毓琛	顺天府人	举人	《缙绅全书》光绪十三年冬
典史	沈昌本	浙江萧山人	监生	《缙绅全书》光绪十三年冬
加三级同知用知县	盛　鸿	浙江富阳人	举人	《缙绅全书》光绪十四年夏
教谕	周世芳	冀州人	廪贡	《缙绅全书》光绪十四年夏
复设训导	毛毓琛	顺天府人	举人	《缙绅全书》光绪十四年夏
典史		浙江萧山人	监生	《缙绅全书》光绪十四年夏

职官	人名	籍贯	出身	出处及在职时间及在职时间
知县	盛　鸿	浙江富阳人	举人	《爵秩全览》光绪十四年冬
教谕	周世芳	冀州人	廪贡	《爵秩全览》光绪十四年冬
复设训导	李荫棠	深州人	廪生	《爵秩全览》光绪十四年冬
典史	冯　谟	浙江会稽人	监生	《爵秩全览》光绪十四年冬
知县	盛　鸿	浙江富阳人	举人	《爵秩全览》光绪十五年夏
教谕	周世芳	冀州人	廪贡	《爵秩全览》光绪十五年夏
复设训导	李荫棠	深州人	廪生	《爵秩全览》光绪十五年夏
典史	冯　谟	浙江会稽人	监生	《爵秩全览》光绪十五年夏
知县	盛　鸿	浙江富阳人	举人	《爵秩全览》光绪十五年秋

职官	人名	籍贯	出身	出处及在职时间及在职时间
教谕	周世芳	冀州人	廪贡	《爵秩全览》光绪十五年秋
复设训导	李荫棠	深州人	廪生	《爵秩全览》光绪十五年秋
典史	冯　谟	浙江会稽人	监生	《爵秩全览》光绪十五年秋
知县	盛　鸿	浙江富阳人	举人	《爵秩全览》光绪十五年冬
教谕	周世芳	冀州人	廪贡	《爵秩全览》光绪十五年冬
复设训导	李荫棠	深州人	廪生	《爵秩全览》光绪十五年冬
典史	冯　谟	浙江会稽人	监生	《爵秩全览》光绪十五年冬
知县		浙江富阳人	举人	《缙绅全书》光绪十六年春
教谕	周世芳	冀州人	廪贡	《缙绅全书》光绪十六年春

职官	人名	籍贯	出身	出处及在职时间及在职时间
复设训导	李荫棠	深州人	优廪	《缙绅全书》光绪十六年春
典史	冯　谟	浙江会稽人	监生	《缙绅全书》光绪十六年春
知县	解茂椿	奉天海城人	拔贡	《缙绅全书》光绪十六年冬
教谕	周世芳	冀州人	廪贡	《缙绅全书》光绪十六年冬
复设训导	李荫棠	深州人	廪生	《缙绅全书》光绪十六年冬
典史	冯　谟	浙江会稽人	监生	《缙绅全书》光绪十六年冬
知县	解茂椿	奉天海城人	拔贡	《爵秩全览》光绪十八年春
教谕	周世芳	冀州人	廪贡	《爵秩全览》光绪十八年春
复设训导	李荫棠	深州人	廪生	《爵秩全览》光绪十八年春

职官	人名	籍贯	出身	出处及在职时间及在职时间
典史	冯　谟	浙江会稽人	监生	《爵秩全览》光绪十八年春
知县	解茂椿	奉天海城人	拔贡	《爵秩全览》光绪十八年秋
教谕	周世芳	冀州人	廪贡	《爵秩全览》光绪十八年秋
复设训导	李荫棠	深州人	廪生	《爵秩全览》光绪十八年秋
典史	冯　谟	浙江会稽人	监生	《爵秩全览》光绪十八年秋
知县	解茂椿	奉天海城人	拔贡	《爵秩全览》光绪十八年冬
教谕	周世芳	冀州人	廪贡	《爵秩全览》光绪十八年冬
复设训导	李荫棠	深州人	廪生	《爵秩全览》光绪十八年冬
典史	冯　谟	浙江会稽人	监生	《爵秩全览》光绪十八年冬

职官	人名	籍贯	出身	出处及在职时间及在职时间
知县	解茂椿	奉天海城人	拔贡	《缙绅全书》光绪十九年春
教谕	周世芳	冀州人	廪贡	《缙绅全书》光绪十九年春
复设训导	李荫棠	深州人	廪生	《缙绅全书》光绪十九年春
典史	冯　谟	浙江会稽人	监生	《缙绅全书》光绪十九年春
知县	解茂椿	奉天海城人	拔贡	《爵秩全览》光绪十九年夏
教谕	周世芳	冀州人	廪贡	《爵秩全览》光绪十九年夏
复设训导	李荫棠	深州人	廪生	《爵秩全览》光绪十九年夏
典史	冯　谟	浙江会稽人	监生	《爵秩全览》光绪十九年夏
知县	解茂椿	奉天海城人	拔贡	《爵秩全览》光绪十九年秋

职官	人名	籍贯	出身	出处及在职时间及在职时间
教谕	周世芳	冀州人	廪贡	《爵秩全览》光绪十九年秋
复设训导	李荫棠	深州人	廪生	《爵秩全览》光绪十九年秋
典史	冯　谟	浙江会稽人	监生	《爵秩全览》光绪十九年秋
知县	解茂椿	奉天海城人	拔贡	《缙绅全书》光绪十九年冬
教谕	周世芳	冀州人	廪贡	《缙绅全书》光绪十九年冬
复设训导	李荫棠	深州人	优贡	《缙绅全书》光绪十九年冬
典史	冯　谟	浙江会稽人	监生	《缙绅全书》光绪十九年冬
知县	解茂椿	奉天海城人	拔贡	《爵秩全览》光绪十九年冬
教谕	周世芳	冀州人	廪贡	《爵秩全览》光绪十九年冬

职官	人名	籍贯	出身	出处及在职时间及在职时间
复设训导	李荫棠	深州人	廪生	《爵秩全览》光绪十九年冬
典史	冯　谟	浙江会稽人	监生	《爵秩全览》光绪十九年冬
知县	解茂椿	奉天海城人	拔贡	《缙绅全书》《中枢备览》光绪二十年夏
教谕	周世芳	冀州人	廪贡	《缙绅全书》《中枢备览》光绪二十年夏
复设训导	李荫棠	深州人	优廪	《缙绅全书》《中枢备览》光绪二十年夏
典史	冯　谟	浙江会稽人	监生	《缙绅全书》《中枢备览》光绪二十年夏
知县	解茂椿	奉天海城人	拔贡	《爵秩全览》光绪二十年秋
教谕	周世芳	冀州人	廪贡	《爵秩全览》光绪二十年秋
复设训导	李荫棠	深州人	廪生	《爵秩全览》光绪二十年秋

职官	人名	籍贯	出身	出处及在职时间及在职时间
典史	冯　谟	浙江会稽人	监生	《爵秩全览》光绪二十年秋
知县	解茂椿	奉天海城人	拔贡	《爵秩全览》光绪二十一年春
教谕	周世芳	冀州人	廪贡	《爵秩全览》光绪二十一年春
复设训导	李荫棠	深州人	廪生	《爵秩全览》光绪二十一年春
典史	冯　谟	浙江会稽人	监生	《爵秩全览》光绪二十一年春
知县	解茂椿	奉天海城人	拔贡	《爵秩全览》光绪二十一年夏
教谕	周世芳	冀州人	廪贡	《爵秩全览》光绪二十一年夏
复设训导	李荫棠	深州人	廪生	《爵秩全览》光绪二十一年夏
典史	冯　谟	浙江会稽人	监生	《爵秩全览》光绪二十一年夏

职官	人名	籍贯	出身	出处及在职时间及在职时间
知县	解茂椿	奉天海城人	拔贡	《爵秩全览》光绪二十一年秋
教谕	周世芳	冀州人	廪贡	《爵秩全览》光绪二十一年秋
复设训导	李荫棠	深州人	廪生	《爵秩全览》光绪二十一年秋
典史	冯　谟	浙江会稽人	监生	《爵秩全览》光绪二十一年秋
知县	解茂椿	奉天海城人	拔贡	《缙绅全书》光绪二十一年冬
教谕	周世芳	冀州人	廪贡	《缙绅全书》光绪二十一年冬
复设训导	李荫棠	深州人	廪生	《缙绅全书》光绪二十一年冬
典史	冯　谟	浙江会稽人	监生	《缙绅全书》光绪二十一年冬
知县	解茂椿	奉天海城人	拔贡	《爵秩全览》光绪二十二年春

职官	人名	籍贯	出身	出处及在职时间及在职时间
教谕	周世芳	冀州人	廪贡	《爵秩全览》光绪二十二年春
复设训导	李荫棠	深州人	廪生	《爵秩全览》光绪二十二年春
典史	冯　谟	浙江会稽人	监生	《爵秩全览》光绪二十二年春
知县	解茂椿	奉天海城人	拔贡	《缙绅全书》光绪二十二年春
教谕	周世芳	冀州人	廪贡	《缙绅全书》光绪二十二年春
复设训导	李荫棠	深州人	优廪	《缙绅全书》光绪二十二年春
典史	冯　谟	浙江会稽人	监生	《缙绅全书》光绪二十二年春
知县	解茂椿	奉天海城人	拔贡	《爵秩全览》光绪二十二年夏
教谕	周世芳	冀州人	廪贡	《爵秩全览》光绪二十二年夏

职官	人名	籍贯	出身	出处及在职时间及在职时间
复设训导	李荫棠	深州人	廪生	《爵秩全览》光绪二十二年夏
典史	冯　谟	浙江会稽人	监生	《爵秩全览》光绪二十二年夏
知县	解茂椿	奉天海城人	拔贡	《爵秩全览》光绪二十二年秋
教谕	周世芳	冀州人	廪贡	《爵秩全览》光绪二十二年秋
复设训导	李荫棠	深州人	廪生	《爵秩全览》光绪二十二年秋
典史	冯　谟	浙江会稽人	监生	《爵秩全览》光绪二十二年秋
知县	解茂椿	奉天海城人	拔贡	《爵秩全览》光绪二十二年冬
教谕	周世芳	冀州人	廪贡	《爵秩全览》光绪二十二年冬
复设训导	李荫棠	深州人	廪生	《爵秩全览》光绪二十二年冬

职官	人名	籍贯	出身	出处及在职时间及在职时间
典史	冯　谟	浙江会稽人	监生	《爵秩全览》光绪二十二年冬
知县	解茂椿	奉天海城人	拔贡	《爵秩全览》光绪二十三年夏
教谕	陈世锐	天津府人	举人	《爵秩全览》光绪二十三年夏
复设训导	李荫棠	深州人	廪生	《爵秩全览》光绪二十三年夏
典史	冯　谟	浙江会稽人	监生	《爵秩全览》光绪二十三年夏
知县	解茂椿	奉天海城人	拔贡	《缙绅全书》《中枢备览》光绪二十三年秋
教谕	陈世锐	天津人	举人	《缙绅全书》《中枢备览》光绪二十三年秋
复设训导	李荫棠	深州人	优廪	《缙绅全书》《中枢备览》光绪二十三年秋
典史	冯　谟	浙江会稽人	监生	《缙绅全书》《中枢备览》光绪二十三年秋

职官	人名	籍贯	出身	出处及在职时间及在职时间
知县	解茂椿	奉天海城人	拔贡	《爵秩全览》光绪二十三年冬
教谕	陈世锐	天津人	举人	《爵秩全览》光绪二十三年冬
复设训导	李荫棠	深州人	廪生	《爵秩全览》光绪二十三年冬
典史	冯　谟	浙江会稽人	监生	《爵秩全览》光绪二十三年冬
知县	解茂椿	奉天海城人	拔贡	《爵秩全览》光绪二十四年春
教谕	陈世锐	天津人	举人	《爵秩全览》光绪二十四年春
复设训导	李荫棠	深州人	廪生	《爵秩全览》光绪二十四年春
典史	冯　谟	浙江会稽人	监生	《爵秩全览》光绪二十四年春
知县	解茂椿	奉天海城人	拔贡	《爵秩全览》光绪二十四年秋

职官	人名	籍贯	出身	出处及在职时间及在职时间
教谕	陈世锐	天津人	举人	《爵秩全览》光绪二十四年秋
复设训导	李荫棠	深州人	廪生	《爵秩全览》光绪二十四年秋
典史	冯　谟	浙江会稽人	监生	《爵秩全览》光绪二十四年秋
知县	解茂椿	奉天海城人	拔贡	《爵秩全览》光绪二十四年冬
教谕	陈世锐	天津人	举人	《爵秩全览》光绪二十四年冬
复设训导	李荫棠	深州人	廪生	《爵秩全览》光绪二十四年冬
典史	冯　谟	浙江会稽人	监生	《爵秩全览》光绪二十四年冬
知县	解茂椿	奉天海城人	拔贡	《缙绅全书》光绪二十四年冬
教谕	陈世锐	天津人	举人	《缙绅全书》光绪二十四年冬

职官	人名	籍贯	出身	出处及在职时间及在职时间
复设训导	李荫棠	深州人	优廪	《缙绅全书》光绪二十四年冬
典史	冯　谟	浙江会稽人	监生	《缙绅全书》光绪二十四年冬
知县	解茂椿	奉天海城人	拔贡	《爵秩全览》光绪二十五年春
教谕	陈世锐	天津人	举人	《爵秩全览》光绪二十五年春
复设训导	李荫棠	深州人	廪生	《爵秩全览》光绪二十五年春
典史	冯　谟	浙江会稽人	监生	《爵秩全览》光绪二十五年春
知县	解茂椿	奉天海城人	拔贡	《缙绅全书》《中枢备览》光绪二十五年春
教谕	陈世锐	天津人	举人	《缙绅全书》《中枢备览》光绪二十五年春
复设训导	李荫棠	深州人	优廪	《缙绅全书》《中枢备览》光绪二十五年春

职官	人名	籍贯	出身	出处及在职时间及在职时间
典史	冯　谟	浙江会稽人	监生	《缙绅全书》《中枢备览》光绪二十五年春
知县	解茂椿	奉天海城人	拔贡	《爵秩全览》光绪二十五年夏
教谕	陈世锐	天津人	举人	《爵秩全览》光绪二十五年夏
复设训导	李荫棠	深州人	廪生	《爵秩全览》光绪二十五年夏
典史	冯　谟	浙江会稽人	监生	《爵秩全览》光绪二十五年夏
知县	解茂椿	奉天海城人	拔贡	《缙绅全书》光绪二十五年夏
教谕	陈世锐	天津人	举人	《缙绅全书》光绪二十五年夏
复设训导	李荫棠	深州人	优廪	《缙绅全书》光绪二十五年夏
典史	冯　谟	浙江会稽人	监生	《缙绅全书》光绪二十五年夏

职官	人名	籍贯	出身	出处及在职时间及在职时间
知县	解茂椿	奉天海城人	拔贡	《爵秩全览》光绪二十五年秋
教谕	陈世锐	天津人	举人	《爵秩全览》光绪二十五年秋
复设训导	李荫棠	深州人	廪生	《爵秩全览》光绪二十五年秋
典史	冯　谟	浙江会稽人	监生	《爵秩全览》光绪二十五年秋
知县	邹洪纬	江苏丹徒人	举人	《缙绅全书》《中枢备览》光绪二十五年冬
教谕	陈世锐	天津人	举人	《缙绅全书》《中枢备览》光绪二十五年冬
复设训导	李荫棠	深州人	优廪	《缙绅全书》《中枢备览》光绪二十五年冬
典史	冯　谟	浙江会稽人	监生	《缙绅全书》《中枢备览》光绪二十五年冬
知县	邹洪纬	江苏丹徒人	举人	《缙绅全书》《中枢备览》光绪二十六年春

职官	人名	籍贯	出身	出处及在职时间及在职时间
教谕	陈世锐	天津人	举人	《缙绅全书》《中枢备览》光绪二十六年春
复设训导	李荫棠	深州人	优廪	《缙绅全书》《中枢备览》光绪二十六年春
典史	冯　谟	浙江会稽人	监生	《缙绅全书》《中枢备览》光绪二十六年春
知县	邹洪纬	江苏丹徒人	举人	《缙绅全书》光绪二十六年夏
教谕	陈世锐	天津人	举人	《缙绅全书》光绪二十六年夏
复设训导	李荫棠	深州人	廪生	《缙绅全书》光绪二十六年夏
典史	冯　谟	浙江会稽人	监生	《缙绅全书》光绪二十六年夏
知县	邹洪纬	江苏丹徒人	举人	《爵秩全览》光绪二十六年秋
教谕	陈世锐	天津人	举人	《爵秩全览》光绪二十六年秋

职官	人名	籍贯	出身	出处及在职时间及在职时间
复设训导	李荫棠	深州人	廪生	《爵秩全览》光绪二十六年秋
典史	冯　谟	浙江会稽人	监生	《爵秩全览》光绪二十六年秋
知县	邹洪纬	江苏丹徒人	举人	《缙绅全书》光绪二十七年春
教谕	陈世锐	天津人	举人	《缙绅全书》光绪二十七年春
复设训导	李荫棠	深州人	优廪	《缙绅全书》光绪二十七年春
典史	冯　谟	浙江会稽人	监生	《缙绅全书》光绪二十七年春
知县	邹洪纬	江苏丹徒人	举人	《爵秩全览》光绪二十七年冬
教谕	陈世锐	天津人	举人	《爵秩全览》光绪二十七年冬
复设训导	李　润	顺天人	增贡	《爵秩全览》光绪二十七年冬

职官	人名	籍贯	出身	出处及在职时间及在职时间
典史	冯　谟	浙江会稽人	监生	《爵秩全览》光绪二十七年冬
知县	邹洪纬	江苏丹徒人	进士	《缙绅全书》《中枢备览》光绪二十七年冬
教谕	陈世锐	天津人	举人	《缙绅全书》《中枢备览》光绪二十七年冬
复设训导	李　润	顺天人	增贡	《缙绅全书》《中枢备览》光绪二十七年冬
典史	冯　谟	浙江会稽人	监生	《缙绅全书》《中枢备览》光绪二十七年冬
知县	邹洪纬	江苏丹徒人	进士	《爵秩全览》光绪二十八年春
教谕	陈世锐	天津人	举人	《爵秩全览》光绪二十八年春
复设训导	李　润	顺天人	增贡	《爵秩全览》光绪二十八年春
典史	冯　谟	浙江会稽人	监生	《爵秩全览》光绪二十八年春

职官	人名	籍贯	出身	出处及在职时间及在职时间
知县	邹洪纬	江苏丹徒人	进士	《缙绅全书》《中枢备览》光绪二十八年夏
教谕	陈世锐	天津人	举人	《缙绅全书》《中枢备览》光绪二十八年夏
复设训导	李　润	顺天人	增贡	《缙绅全书》《中枢备览》光绪二十八年夏
典史	冯　谟	浙江会稽人	监生	《缙绅全书》《中枢备览》光绪二十八年夏
知县	邹洪纬	江苏丹徒人	进士	《缙绅全书》《中枢备览》光绪二十八年秋
教谕	陈世锐	天津人	举人	《缙绅全书》《中枢备览》光绪二十八年秋
复设训导	李　润	顺天人	增贡	《缙绅全书》《中枢备览》光绪二十八年秋
典史	冯　谟	浙江会稽人	监生	《缙绅全书》《中枢备览》光绪二十八年秋
知县	邹洪纬	江苏丹徒人	进士	《缙绅全书》《中枢备览》光绪二十八年秋

职官	人名	籍贯	出身	出处及在职时间及在职时间
教谕	陈世锐	天津人	举人	《缙绅全书》《中枢备览》光绪二十八年冬
复设训导	李　润	顺天人	增贡	《缙绅全书》《中枢备览》光绪二十八年冬
典史	冯　谟	浙江会稽人	监生	《缙绅全书》《中枢备览》光绪二十八年冬
知县	邹洪纬	江苏丹徒人	进士	《爵秩全览》光绪二十九年春
教谕	陈世锐	天津人	举人	《爵秩全览》光绪二十九年春
复设训导	李　润	顺天人	增贡	《爵秩全览》光绪二十九年春
典史	冯　谟	浙江会稽人	监生	《爵秩全览》光绪二十九年春
复设训导	邹维熊	宣化府人	附贡	《缙绅全书》《中枢备览》光绪二十九年春
知县	邹洪纬	江苏丹徒人	进士	《缙绅全书》光绪二十九年夏

职官	人名	籍贯	出身	出处及在职时间及在职时间
教谕	陈世锐	天津人	举人	《缙绅全书》光绪二十九年夏
典史	冯　谟	浙江会稽人	监生	《缙绅全书》光绪二十九年夏
复设训导	邹维熊	宣化府人	附贡	《缙绅全书》光绪二十九年夏
知县	邹洪纬	江苏丹徒人	进士	《爵秩全览》光绪二十九年秋
教谕	陈世锐	天津人	举人	《爵秩全览》光绪二十九年秋
典史	冯　谟	浙江会稽人	监生	《爵秩全览》光绪二十九年秋
复设训导	邹维熊	宣化府人	附贡	《爵秩全览》光绪二十九年秋
知县	邹洪纬	江苏丹徒人	进士	《缙绅全书》《中枢备览》光绪二十九年秋
教谕	陈世锐	天津人	举人	《缙绅全书》《中枢备览》光绪二十九年秋

职官	人名	籍贯	出身	出处及在职时间及在职时间
典史	冯　谟	浙江会稽人	监生	《缙绅全书》《中枢备览》光绪二十九年秋
复设训导	邹维熊	宣化府人	附贡	《缙绅全书》《中枢备览》光绪二十九年秋
知县	邹洪纬	江苏丹徒人	进士	《缙绅全书》《中枢备览》光绪二十九年冬
教谕	陈世锐	天津人	举人	《缙绅全书》《中枢备览》光绪二十九年冬
典史	冯　谟	浙江会稽人	监生	《缙绅全书》《中枢备览》光绪二十九年冬
复设训导		宣化府人	附贡	《缙绅全书》《中枢备览》光绪二十九年冬
知县	党献寿	陕西郃阳人	进士	《缙绅全书》《中枢备览》光绪三十年春
教谕	陈世锐	天津人	举人	《缙绅全书》《中枢备览》光绪三十年春
典史	冯　谟	浙江会稽人	监生	《缙绅全书》《中枢备览》光绪三十年春

职官	人名	籍贯	出身	出处及在职时间及在职时间
复设训导		宣化府人	附贡	《缙绅全书》《中枢备览》光绪三十年春
知县	党献寿	陕西郃阳人	进士	《爵秩全览》光绪三十年夏
教谕	陈世锐	天津人	举人	《爵秩全览》光绪三十年夏
典史	冯　谟	浙江会稽人	监生	《爵秩全览》光绪三十年夏
复设训导	邹维熊	宣化府人	附贡	《爵秩全览》光绪三十年夏
知县	党献寿	陕西郃阳人	进士	《缙绅全书》《中枢备览》光绪三十年夏
教谕	陈世锐	天津人	举人	《缙绅全书》《中枢备览》光绪三十年夏
典史	冯　谟	浙江会稽人	监生	《缙绅全书》《中枢备览》光绪三十年夏
复设训导	邹维熊	宣化府人	附贡	《缙绅全书》《中枢备览》光绪三十年夏

职官	人名	籍贯	出身	出处及在职时间及在职时间
知县	党献寿	陕西郃阳人	进士	《缙绅全书》光绪三十年冬
教谕	陈世锐	天津人	举人	《缙绅全书》光绪三十年冬
典史	冯　谟	浙江会稽人	监生	《缙绅全书》光绪三十年冬
复设训导	邹维熊	宣化府人	附贡	《缙绅全书》光绪三十年冬
知县	党献寿	陕西郃阳人	进士	《缙绅全书》《中枢备览》光绪三十一年春
教谕	陈世锐	天津人	举人	《缙绅全书》《中枢备览》光绪三十一年春
复设训导	邹维熊	宣化府人	附贡	《缙绅全书》《中枢备览》光绪三十一年春
典史	冯　谟	浙江会稽人	监生	《缙绅全书》《中枢备览》光绪三十一年春
知县	党献寿	陕西郃阳人	进士	《爵秩全览》光绪三十一年夏

职官	人名	籍贯	出身	出处及在职时间及在职时间
教谕	陈世锐	天津人	举人	《爵秩全览》光绪三十一年夏
复设训导	邹维熊	宣化府人	附贡	《爵秩全览》光绪三十一年夏
典史	冯　谟	浙江会稽人	监生	《爵秩全览》光绪三十一年夏
知县	党献寿	陕西郃阳人	进士	《缙绅全书》《中枢备览》光绪三十一年夏
教谕	陈世锐	天津人	举人	《缙绅全书》《中枢备览》光绪三十一年夏
复设训导	邹维熊	宣化府人		《缙绅全书》《中枢备览》光绪三十一年夏
典史	冯　谟	浙江会稽人	监生	《缙绅全书》《中枢备览》光绪三十一年夏
知县	党献寿	陕西郃阳人	进士	《爵秩全览》光绪三十一年秋

职官	人名	籍贯	出身	出处及在职时间及在职时间
教谕	陈世锐	天津人	举人	《爵秩全览》光绪三十一年秋
复设训导	邹维熊	宣化人	附贡	《爵秩全览》光绪三十一年秋
典史	冯　谟	浙江会稽人	监生	《爵秩全览》光绪三十一年秋
教谕	陈世锐	天津人	举人	《爵秩全览》光绪三十一年冬
复设训导	邹维熊	宣化府人	附贡	《爵秩全览》光绪三十一年冬
典史	冯　谟	浙江会稽人	监生	《爵秩全览》光绪三十一年冬
教谕	陈世锐	天津人	举人	《爵秩全览》光绪三十二年春
复设训导	邹维熊	宣化府人	附贡	《爵秩全览》光绪三十二年春

职官	人名	籍贯	出身	出处及在职时间及在职时间
典史	冯　谟	浙江会稽人	监生	《爵秩全览》光绪三十二年春
教谕	陈世锐	天津人	举人	《缙绅全书》《中枢备览》光绪三十二年春
复设训导	邹维熊	宣化府人	附贡	《缙绅全书》《中枢备览》光绪三十二年春
典史	冯　谟	浙江会稽人	监生	《缙绅全书》《中枢备览》光绪三十二年春
知县	畅文藻	陕西人	举人	《缙绅全书》光绪三十二年夏
教谕	陈世锐	天津人	举人	《缙绅全书》光绪三十二年夏
复设训导	邹维熊	宣化府人	附贡	《缙绅全书》光绪三十二年夏
典史	冯　谟	浙江会稽人	监生	《缙绅全书》光绪三十二年夏

职官	人名	籍贯	出身	出处及在职时间及在职时间
知县	畅文藻	陕西人	举人	《缙绅全书》光绪三十二年秋
教谕	陈世锐	天津人	举人	《缙绅全书》光绪三十二年秋
复设训导	邹维熊	宣化府人	附贡	《缙绅全书》光绪三十二年秋
典史	冯　谟	浙江会稽人	监生	《缙绅全书》光绪三十二年秋
知县	畅文藻	陕西人	举人	《缙绅全书》光绪三十二年冬
教谕	陈世锐	天津人	举人	《缙绅全书》光绪三十二年冬
复设训导	邹维熊	宣化府人	附贡	《缙绅全书》光绪三十二年冬
典史	冯　谟	浙江会稽人	监生	《缙绅全书》光绪三十二年冬

职官	人名	籍贯	出身	出处及在职时间及在职时间
知县	畅文藻	陕西人	举人	《爵秩全览》光绪三十二年冬
教谕	陈世锐	天津人	举人	《爵秩全览》光绪三十二年冬
复设训导	邹维熊	宣化府人	附贡	《爵秩全览》光绪三十二年冬
典史	冯　谟	浙江会稽人	监生	《爵秩全览》光绪三十二年冬
知县	畅文藻	陕西人	举人	《爵秩全览》光绪三十三年春
教谕	陈世锐	天津人	举人	《爵秩全览》光绪三十三年春
复设训导	邹维熊	宣化府人	附贡	《爵秩全览》光绪三十三年春
典史	冯　谟	浙江会稽人	监生	《爵秩全览》光绪三十三年春

职官	人名	籍贯	出身	出处及在职时间及在职时间
知县	畅文藻	陕西人	举人	《缙绅全书》《中枢备览》光绪三十三年夏
教谕	陈世锐	天津人	举人	《缙绅全书》《中枢备览》光绪三十三年夏
复设训导	邹维熊	宣化府人	附贡	《缙绅全书》《中枢备览》光绪三十三年夏
典史	冯　谟	浙江会稽人	监生	《缙绅全书》《中枢备览》光绪三十三年夏
知县	畅文藻	陕西人	举人	《爵秩全览》光绪三十三年秋
教谕	陈世锐	天津府人	举人	《爵秩全览》光绪三十三年秋
复设训导	邹维熊	宣化府人	附贡	《爵秩全览》光绪三十三年秋
典史	冯　谟	浙江会稽人	监生	《爵秩全览》光绪三十三年秋

职官	人名	籍贯	出身	出处及在职时间及在职时间
知县	畅文藻	陕西人	举人	《爵秩全览》光绪三十三年冬
教谕	陈世锐	天津府人	举人	《爵秩全览》光绪三十三年冬
复设训导	邹维熊	宣化府人	附贡	《爵秩全览》光绪三十三年冬
典史	冯　谟	浙江会稽人	监生	《爵秩全览》光绪三十三年冬
知县	畅文藻	陕西人	举人	《爵秩全览》光绪三十四年春
教谕	陈世锐	天津府人	举人	《爵秩全览》光绪三十四年春
复设训导	邹维熊	宣化府人	附贡	《爵秩全览》光绪三十四年春
典史	冯　谟	浙江会稽人	监生	《爵秩全览》光绪三十四年春

职官	人名	籍贯	出身	出处及在职时间及在职时间
知县	畅文藻	陕西人		《最新百官绿》光绪三十四年春
典史	冯　谟	浙江会稽人		《最新百官绿》光绪三十四年春
知县	畅文藻	陕西人	举人	《爵秩全览》光绪三十四年夏
教谕	陈世锐	天津府人	举人	《爵秩全览》光绪三十四年夏
复设训导	邹维熊	宣化府人	附贡	《爵秩全览》光绪三十四年夏
典史	冯　谟	浙江会稽人	监生	《爵秩全览》光绪三十四年夏
知县	畅文藻	陕西人	举人	《爵秩全览》光绪三十四年秋
教谕	陈世锐	天津府人	举人	《爵秩全览》光绪三十四年秋

职官	人名	籍贯	出身	出处及在职时间及在职时间
复设训导	邹维熊	宣化府人	附贡	《爵秩全览》光绪三十四年秋
典史	冯　谟	浙江会稽人	监生	《爵秩全览》光绪三十四年秋
知县	畅文藻	陕西人	举人	《爵秩全览》光绪三十四年冬
教谕	陈世锐	天津府人	举人	《爵秩全览》光绪三十四年冬
复设训导	邹维熊	宣化府人	附贡	《爵秩全览》光绪三十四年冬
典史	冯　谟	浙江会稽人	监生	《爵秩全览》光绪三十四年冬
知县	畅文藻	陕西人	举人	《爵秩全览》宣统元年春
教谕	陈世锐	天津府人	举人	《爵秩全览》宣统元年春

职官	人名	籍贯	出身	出处及在职时间及在职时间
复设训导	邹维熊	宣化府人	附贡	《爵秩全览》宣统元年春
典史	冯　谟	浙江会稽人	监生	《爵秩全览》宣统元年春
知县	畅文藻	陕西人	举人	《爵秩全览》宣统元年夏
教谕	陈世锐	天津府人	举人	《爵秩全览》宣统元年夏
复设训导	邹维熊	宣化府人	附贡	《爵秩全览》宣统元年夏
典史	冯　谟	浙江会稽人	监生	《爵秩全览》宣统元年夏
知县	畅文藻	陕西人	举人	《爵秩全览》宣统元年秋
教谕	陈世锐	天津府人	举人	《爵秩全览》宣统元年秋

职官	人名	籍贯	出身	出处及在职时间及在职时间
复设训导	邹维熊	宣化府人	附贡	《爵秩全览》宣统元年秋
典史	冯　谟	浙江会稽人	监生	《爵秩全览》宣统元年秋
知县	畅文藻	陕西人	举人	《爵秩全览》宣统元年冬
教谕	陈世锐	天津府人	举人	《爵秩全览》宣统元年冬
复设训导	邹维熊	宣化府人	附贡	《爵秩全览》宣统元年冬
典史	冯　谟	浙江会稽人	监生	《爵秩全览》宣统元年冬
知县	杨文藻	陕西人	举人	《缙绅全书》宣统元年冬
教谕	陈世锐	天津人	举人	《缙绅全书》宣统元年冬

职官	人名	籍贯	出身	出处及在职时间及在职时间
复设训导	邹维熊	宣化府人	附贡	《缙绅全书》宣统元年冬
典史	冯　谟	浙江会稽人	监生	《缙绅全书》宣统元年冬
知县	杨文藻	陕西人	举人	《爵秩全览》宣统二年春
教谕	陈世锐	天津人	举人	《爵秩全览》宣统二年春
复设训导	邹维熊	宣化府人	附贡	《爵秩全览》宣统二年春
典史	冯　谟	浙江会稽人	监生	《爵秩全览》宣统二年春
知县	杨文藻	陕西人	举人	《爵秩全览》宣统二年夏
教谕	陈世锐	天津人	举人	《爵秩全览》宣统二年夏

职官	人名	籍贯	出身	出处及在职时间及在职时间
复设训导	邹维熊	宣化府人	附贡	《爵秩全览》宣统二年夏
典史	冯　谟	浙江会稽人	监生	《爵秩全览》宣统二年夏
知县	杨文藻	陕西人	举人	《爵秩全览》宣统二年秋
教谕	陈世锐	天津人	举人	《爵秩全览》宣统二年秋
复设训导	邹维熊	宣化府人	附贡	《爵秩全览》宣统二年秋
典史	冯　谟	浙江会稽人	监生	《爵秩全览》宣统二年秋
知县	杨文藻	陕西人	举人	《爵秩全览》宣统二年冬
教谕	陈世锐	天津人	举人	《爵秩全览》宣统二年冬

职官	人名	籍贯	出身	出处及在职时间及在职时间
复设训导	邹维熊	宣化府人	附贡	《爵秩全览》宣统二年冬
典史	冯　谟	浙江会稽人	监生	《爵秩全览》宣统二年冬
知县	杨文藻	陕西人	举人	《爵秩全览》宣统三年春
教谕	陈世锐	天津人	举人	《爵秩全览》宣统三年春
复设训导	邹维熊	宣化府人	附贡	《爵秩全览》宣统三年春
典史	冯　谟	浙江会稽人	监生	《爵秩全览》宣统三年春
教谕	陈世锐	天津人	举人	《爵秩全览》宣统三年夏
复设训导	邹维熊	宣化府人	附贡	《爵秩全览》宣统三年夏

职官	人名	籍贯	出身	出处及在职时间及在职时间
教谕	陈世锐	天津人	举人	《爵秩全览》宣统三年秋
复设训导	邹维熊	宣化府人	附贡	《爵秩全览》宣统三年秋
知县	高志成	浙江山阴人	监生	《职官录》宣统三年冬
教谕	陈世锐	天津人	举人	《职官录》宣统三年冬
复设训导	邹维熊	宣化府人	附贡	《职官录》宣统三年冬
知县	高志成	浙江山阴人	监生	《职官录》宣统四年春
教谕	陈世锐	天津人	举人	《职官录》宣统四年春
复设训导	邹维熊	宣化府人	附贡	《职官录》宣统四年春

职官	人名	籍贯	出身	出处及在职时间及在职时间
知县	孙公鸿	业三韩	举人	《雍正高阳县志》
知县	史在篇	余姚	贡监	《雍正高阳县志》
知县	王志佐	满洲	贡士	《雍正高阳县志》

清代高阳职官类表

知县加一级

职官	人名	籍贯	出身	出处及在职时间
知县加一级	周　裕	浙江钱塘人	监生	《缙绅全书》《中枢备览》乾隆四十二年秋
知县加一级	胡文英	江苏阳湖人	副榜	《缙绅全书》《中枢备览》乾隆五十三年春
知县加一级	程明瀚	湖北孝感人		《缙绅全书》嘉庆元年春
知县加一级	王　埙	浙江嘉兴人	举人	《缙绅全书》嘉庆二年冬
知县加一级	王　埙	浙江嘉兴人	举人	《缙绅全书》嘉庆三年秋
知县加一级	王　埙	浙江嘉兴人	举人	《缙绅全书》嘉庆三年冬
知县加一级	任铭献	贵州人	举人	《缙绅全书》嘉庆五年冬

职官	人名	籍贯	出身	出处及在职时间
知县加一级	任铭献	贵州人	举人	《缙绅全书》嘉庆九年春
知县加一级	任铭献	贵州人	举人	《缙绅全书》《中枢备览》嘉庆十一年春
知县加一级	翟德先	山东昌邑人	进士	《缙绅全书》嘉庆十一年夏
知县加一级	刘拔韦	广西人	举人	《缙绅全书》嘉庆十七年秋
知县加一级	卜光煜	云南昆明人	举人	《缙绅全书》嘉庆二十一年冬
知县加一级	何　棻	四川岳池人	进士	《缙绅全书》嘉庆二十二年春
知县加一级	何　棻	四川岳池人	进士	《缙绅全书》（小）嘉庆二十二年冬
知县加一级	卜光煜	云南昆明人	举人	《缙绅全书》嘉庆二十五年夏
知县加一级	方　榘	江苏海州人	拔贡	《缙绅全书》《中枢备览》道光四年夏

职官	人名	籍贯	出身	出处及在职时间
知县加一级	张孔道	四川巴县人		《缙绅全书》道光七年春
知县加一级	钱任钧	浙江仁和人		《缙绅全书》道光十年冬
知县加一级	段绍圭	湖南常宁人	举人	《缙绅全书》《中枢备览》道光十三年夏
知县加一级	段绍圭	湖南常宁人	举人	《缙绅全书》道光十四年春
知县加一级	段绍圭	湖南常宁人	举人	《缙绅全书》道光十四年夏
知县加一级	段绍圭	湖南常宁人	举人	《缙绅全书》《中枢备览》道光十六年夏
知县加一级	段绍圭	湖南常宁人	举人	《缙绅全书》道光十六年秋
知县加一级	段绍圭	湖南常宁人	举人	《缙绅全书》《中枢备览》道光十六年冬
知县加一级	段绍圭	湖南常宁人	举人	《缙绅全书》道光十七年秋

职官	人名	籍贯	出身	出处及在职时间
知县加一级	周尔熞	浙江嘉兴人	监生	《缙绅全书》道光十八年夏
知县加一级	陈希敬	浙江海盐人	进士	《缙绅全书》道光二十年秋
知县加一级	陈希敬	浙江海盐人	进士	《缙绅全书》道光二十年冬
知县加一级	林士裕	福建侯官人		《缙绅全书》《中枢备览》道光二十二年春
知县加一级	林士裕	福建侯官人		《缙绅全书》道光二十二年冬
知县加一级	贺祥麟	湖南浏阳人		《缙绅全书》道光二十五年夏
知县加一级	贺祥麟	湖南浏阳人		《缙绅全书》道光二十五年秋
知县加一级	任沛霖	江苏海盐人	进士	《缙绅全书》道光二十七年夏
知县加一级	任沛霖	江苏海盐人	进士	《缙绅全书》道光二十七年秋
知县加一级		江苏海盐人	进士	《缙绅全书》道光二十八年冬

职官	人名	籍贯	出身	出处及在职时间
知县加一级	任沛霖	江苏海盐人		《缙绅全书》咸丰四年春
知县加一级	胡　岳	湖北天门人	举人	《缙绅全书》咸丰六年春
知县加一级	范　骥	湖南湘阴人	举人	《缙绅全书》咸丰八年冬
知县加一级	范　骥	湖南湘阴人	举人	《缙绅全书》咸丰九年夏
知县加一级	王　塏	山东人	贡生	《缙绅全书》同治四年夏
知县加一级	张恩煦	山东人	进士	《缙绅全书》同治六年春
知县加一级	张恩煦	山东人	进士	《缙绅全书》同治八年冬
知县加一级	额尔德恩	满洲厢蓝旗人	举人	《缙绅全书》同治九年冬
知县加一级	李宴卿	奉天吉林人	岁贡	《缙绅全书》同治十年春

职官	人名	籍贯	出身	出处及在职时间
知县加一级	杨文涛	山东嘉祥人	供事	《缙绅全书》同治十年夏
知县加一级	杨文涛	山东嘉祥人	供事	《缙绅全书》同治十一年夏
知县加一级	杨文涛	山东嘉祥人	供事	《缙绅全书》《中枢备览》同治十一年秋
知县加一级	杨文涛	山东嘉祥人	供事	《缙绅全书》同治十二年冬
知县加一级		山东嘉祥人		《缙绅全书》同治十三年春
知县加一级		山东嘉祥人	供事	《缙绅全书》同治十三年秋
知县加一级	赵映辰	奉天承德人	进士	《缙绅全书》同治十三年冬
知县加一级	赵映辰	奉天承德人	进士	《缙绅全书》《中枢备览》同治十三年冬
知县加一级	马瑞辰	山东临邑人	进士	《缙绅全书》光绪二年秋

职官	人名	籍贯	出身	出处及在职时间
知县加一级	马瑞辰	山东临邑人	进士	《缙绅全书》《中枢备览》光绪三年夏
知县加一级	马瑞辰	山东临邑人	进士	《缙绅全书》光绪三年秋
知县加一级		江苏章榆人	进士	《缙绅全书》《中枢备览》光绪四年秋
知县加一级		江苏章榆人	进士	《缙绅全书》光绪五年春
知县加一级	马瑞辰	山东临邑人	进士	《缙绅全书》光绪五年秋
知县加一级	马瑞辰	山东临邑人	进士	《缙绅全书》《中枢备览》光绪五年冬
知县加一级	徐铭勳	陕西咸宁人	进士	《缙绅全书》光绪七年春
知县加一级	徐铭勳	陕西咸宁人	进士	《缙绅全书》光绪七年冬

职官	人名	籍贯	出身	出处及在职时间
知县加一级	徐铭勳	陕西咸宁人	进士	《缙绅全书》光绪八年冬

知县加四级

职官	人名	籍贯	出身	出处及在职时间
知县加四级	任实坊	江苏人	副榜	《缙绅全本》乾隆二十五年冬
知县加四级	任实坊	江苏人	副榜	《缙绅全本》乾隆二十六年秋

知县加三级

职官	人名	籍贯	出身	出处及在职时间
知县加三级	许法振	河南安阳人	进士	《缙绅全书》乾隆三十年春

职官	人名	籍贯	出身	出处及在职时间
知县加三级	许法振	河南安阳人	进士	《爵秩全本》乾隆三十年冬
知县加三级	许法振	河南安阳人		《爵秩全本》乾隆三十三年秋

知　县

职官	人名	籍贯	出身	出处及在职时间
知县	蒋日红	涿州人	典史	《雍正高阳县志》顺治元年
知县	陈　谦	祥符人	举人	《雍正高阳县志》顺治元年
知县	刘嘉注	平原	进士	民国二十年高阳县志 顺治四年
知县	祖大成	满洲人	贡士	《雍正高阳县志》顺至五年
知县	赵文魁	满洲人	贡士	《雍正高阳县志》顺治七年

职官	人名	籍贯	出身	出处及在职时间
知县	张文明	满洲人	贡士	《雍正高阳县志》顺治九年
知县	沈纯禔	海监人	选贡	《雍正高阳县志》顺治十五年
知县	张志禧	昌邑人	进士	《雍正高阳县志》顺治十八年
知县	廖　玉	吉水人	贡士	《雍正高阳县志》康熙四年
知县	翁周鼎	闽县人	举人	《雍正高阳县志》康熙八年
知县	刘允中	锦州人	贡士	《雍正高阳县志》康熙十四年
知县	张士佐	满洲人	监生	《雍正高阳县志》康熙十六年
知县	孙鸿业	奉天人	癸卯科举人	《雍正高阳县志》康熙十八年
知县	卞三祝	奉天人	举人	《雍正高阳县志》康熙三十二年

职官	人名	籍贯	出身	出处及在职时间
知县	李绍祖	铁岭人	笔帖式	《雍正高阳县志》康熙三十五年
知县	程　焯	山东平阴人	岁贡	《雍正高阳县志》康熙五十一年
知县	李德柄	广东平阴人	举人	《雍正高阳县志》康熙五十一年
知县	管凤苞	浙江海宁人	已丑进士	《雍正高阳县志》康熙五十九年
知县	陈克崧	浙江海宁人	举人	《雍正高阳县志》雍正三年
知县	顾　葵	浙江钱唐人	举人	《雍正高阳县志》雍正四年
知县	严　洪	浙江乌程人	教习	《雍正高阳县志》雍正六年
知县	严宗嘉	江西袁州府分宜县人	甲午举人	《雍正高阳县志》雍正七年
知县	钱志栋	浙江长兴人	进士	《缙绅新书》乾隆十三年春

职官	人名	籍贯	出身	出处及在职时间
知县	许法震			《一档馆》乾隆四十年
知县	胡文英			《一档馆》乾隆四十五年
知县	米步青			《一档馆》乾隆四十五年
知县	任铭献			《一档馆》嘉庆十年
知县	翟德先			《一档馆》嘉庆十一年
知县	杨　璧			《一档馆》嘉庆十四年
知县	陈佩兰			《一档馆》嘉庆十四年
知县	何　棻	四川岳池人	进士	《缙绅全书》（大）嘉庆二十二年冬

职官	人名	籍贯	出身	出处及在职时间
知县	方　棨	江苏吴县人	拔贡	《缙绅全书》道光四年夏
知县	方　矩			《一档馆》道光四年
知县	张孔道	四川巴县人	举人	《爵秩全览》道光六年秋
知县	段绍圭			《一档馆》道光十六年
知县	周尔煃	浙江嘉兴人	监生	《爵秩全览》道光十九年夏
知县	任沛霖	江苏海盐人	进士	《爵秩全览》道光二十六年
知县	任沛霖	江苏海盐人	进士	《爵秩全览》道光二十八年夏
知县	萧尚钦	贵州平越人	进士	《爵秩全览》咸丰元年夏

职官	人名	籍贯	出身	出处及在职时间
知县	李辉会	山东临清人	供事	《爵秩全览》咸丰二年冬
备注：《缙绅全书》咸丰四年》中记载该人出身为议叙。				
知县	李辉会	山东临清人	供事	《缙绅全书》咸丰三年夏
知县	李辉会	山东临清人	议叙	《缙绅全书》咸丰四年
知县	胡　岳	湖北天门人	举人	《爵秩全览》咸丰六年春
知县	范　骥	湖南湘阴人	举人	《爵秩全览》咸丰六年夏
知县	范　骥	湖南湘阴人	举人	《爵秩全览》咸丰七年秋
知县				《爵秩全览》咸丰七年冬
知县	范　骥	湖南湘阴人	举人	《缙绅全书》咸丰十年秋

职官	人名	籍贯	出身	出处及在职时间
知县	范　骥	湖南湘阴人	举人	《缙绅全书》咸丰十年
知县		山东人	贡生	《缙绅全书》同治五年春
知县	张恩煦	山东人	进士	《爵秩全览》同治六年春
知县	张恩煦	山东人	进士	《缙绅全书》同治六年秋
知县	张恩旭		进士	民国二十年高阳县志 同治七年
备注：《民国二十年高阳县志》记载该人该年剿匪 地点记载为丢失。				
知县	张恩煦	山东人	进士	《缙绅全书》同治八年春
知县				《爵秩全览》同治九年春
知县		山东福山人	进士	《缙绅全书》同治九年夏

职官	人名	籍贯	出身	出处及在职时间
知县	额尔德恩	满洲厢蓝旗人	举人	《爵秩全览》同治九年秋
知县				《爵秩全览》同治十三年夏
知县	赵映辰	奉天承德人	进士	《爵秩全览》同治十三年冬
知县	赵映辰	奉天承德人	进士	《爵秩全览》光绪元年夏
知县	马瑞辰	山东临邑人	进士	《爵秩全览》光绪元年秋
知县	马瑞辰	山东临邑人	进士	《爵秩全览》光绪二年冬
知县	马瑞辰	山东临邑人	进士	《爵秩全览》光绪三年冬
知县	马瑞辰	山东临邑人	进士	《爵秩全览》光绪四年冬
知县	徐铭勳	陕西咸宁人	进士	《爵秩全览》光绪七年冬

职官	人名	籍贯	出身	出处及在职时间
知县	盛　鸿	浙江富阳县人	举人	《爵秩全览》光绪十年夏
知县	盛　鸿	浙江富阳县人	举人	《爵秩全览》光绪十年秋
知县	盛　鸿	浙江富阳县人	举人	《爵秩全览》光绪十一年春
知县	盛　鸿	浙江富阳县人	举人	《爵秩全览》光绪十一年夏
知县	盛　鸿	浙江富阳县人	举人	《爵秩全览》光绪十一年秋
知县	盛　鸿	浙江富阳人	举人	《爵秩全览》光绪十二年夏
知县	盛　鸿	浙江富阳人	举人	《爵秩全览》光绪十三年春
知县	盛　鸿	浙江富阳人	举人	《爵秩全览》光绪十四年冬
知县	盛　鸿	浙江富阳人	举人	《爵秩全览》光绪十五年夏

职官	人名	籍贯	出身	出处及在职时间
知县	盛　鸿	浙江富阳人	举人	《爵秩全览》光绪十五年秋
知县	盛　鸿	浙江富阳人	举人	《爵秩全览》光绪十五年冬
知县		浙江富阳人	举人	《缙绅全书》光绪十六年春
知县	解茂椿	奉天海城人	拔贡	《缙绅全书》光绪十六年冬
知县	解茂椿	奉天海城人	拔贡	《爵秩全览》光绪十八年春
知县	解茂椿	奉天海城人	拔贡	《爵秩全览》光绪十八年秋
知县	解茂椿	奉天海城人	拔贡	《爵秩全览》光绪十八年冬
知县	解茂椿	奉天海城人	拔贡	《缙绅全书》光绪十九年春
知县	解茂椿	奉天海城人	拔贡	《爵秩全览》光绪十九年夏

职官	人名	籍贯	出身	出处及在职时间
知县	解茂椿	奉天海城人	拔贡	《爵秩全览》光绪十九年秋
知县	解茂椿	奉天海城人	拔贡	《缙绅全书》光绪十九年冬
知县	解茂椿	奉天海城人	拔贡	《爵秩全览》光绪十九年冬
知县	解茂椿	奉天海城人	拔贡	《缙绅全书》《中枢备览》光绪二十年夏
知县	解茂椿	奉天海城人	拔贡	《爵秩全览》光绪二十年秋
知县	解茂椿	奉天海城人	拔贡	《爵秩全览》光绪二十一年春
知县	解茂椿	奉天海城人	拔贡	《爵秩全览》光绪二十一年夏
知县	解茂椿	奉天海城人	拔贡	《爵秩全览》光绪二十一年秋
知县	解茂椿	奉天海城人	拔贡	《缙绅全书》光绪二十一年冬

职官	人名	籍贯	出身	出处及在职时间
知县	姚恩绶			《一档馆》光绪二十二年
知县	解茂椿	奉天海城人	拔贡	《爵秩全览》光绪二十二年春
知县	解茂椿	奉天海城人	拔贡	《缙绅全书》光绪二十二年春
知县	解茂椿	奉天海城人	拔贡	《爵秩全览》光绪二十二年夏
知县	解茂椿	奉天海城人	拔贡	《爵秩全览》光绪二十二年秋
知县	解茂椿	奉天海城人	拔贡	《爵秩全览》光绪二十二年冬
知县	解茂椿	奉天海城人	拔贡	《爵秩全览》光绪二十三年夏
知县	解茂椿	奉天海城人	拔贡	《缙绅全书》《中枢备览》光绪二十三年秋

职官	人名	籍贯	出身	出处及在职时间
知县	解茂椿	奉天海城人	拔贡	《爵秩全览》光绪二十三年冬
知县	解茂椿	奉天海城人	拔贡	《爵秩全览》光绪二十四年春
知县	解茂椿	奉天海城人	拔贡	《爵秩全览》光绪二十四年秋
知县	解茂椿	奉天海城人	拔贡	《爵秩全览》光绪二十四年冬
知县	解茂椿	奉天海城人	拔贡	《缙绅全书》光绪二十四年冬
知县	解茂椿	奉天海城人	拔贡	《爵秩全览》光绪二十五年春
知县	解茂椿	奉天海城人	拔贡	《缙绅全书》《中枢备览》光绪二十五年春
知县	解茂椿	奉天海城人	拔贡	《爵秩全览》光绪二十五年夏

职官	人名	籍贯	出身	出处及在职时间
知县	解茂椿	奉天海城人	拔贡	《缙绅全书》光绪二十五年夏
知县	解茂椿	奉天海城人	拔贡	《爵秩全览》光绪二十五年秋
知县	邹洪纬	江苏丹徒人	举人	《缙绅全书》《中枢备览》光绪二十五年冬
知县	邹洪纬	江苏丹徒人	举人	《缙绅全书》《中枢备览》光绪二十六年春
知县	邹洪纬	江苏丹徒人	举人	《缙绅全书》光绪二十六年夏
知县	邹洪纬	江苏丹徒人	举人	《爵秩全览》光绪二十六年秋
知县	邹洪纬	江苏丹徒人	举人	《缙绅全书》光绪二十七年春
知县	邹洪纬	江苏丹徒人	举人	《爵秩全览》光绪二十七年冬

职官	人名	籍贯	出身	出处及在职时间
知县	邹洪纬	江苏丹徒人	进士	《缙绅全书》《中枢备览》光绪二十七年冬
知县	邹洪纬	江苏丹徒人	进士	《爵秩全览》光绪二十八年春
知县	邹洪纬	江苏丹徒人	进士	《缙绅全书》《中枢备览》光绪二十八年夏
知县	邹洪纬	江苏丹徒人	进士	《缙绅全书》《中枢备览》光绪二十八年秋
知县	邹洪纬	江苏丹徒人	进士	《缙绅全书》《中枢备览》光绪二十八年冬
知县	邹洪纬	江苏丹徒人	进士	《爵秩全览》光绪二十九年春
知县	邹洪纬	江苏丹徒人	进士	《缙绅全书》光绪二十九年夏
知县	邹洪纬	江苏丹徒人	进士	《爵秩全览》光绪二十九年秋

职官	人名	籍贯	出身	出处及在职时间
知县	邹洪纬	江苏丹徒人	进士	《缙绅全书》《中枢备览》光绪二十九年秋
知县	邹洪纬	江苏丹徒人	进士	《缙绅全书》《中枢备览》光绪二十九年冬
知县	党献寿	陕西郃阳人	进士	《缙绅全书》《中枢备览》光绪三十年春
知县	党献寿	陕西郃阳人	进士	《爵秩全览》光绪三十年夏
知县	党献寿	陕西郃阳人	进士	《缙绅全书》《中枢备览》光绪三十年夏
知县	党献寿	陕西郃阳人	进士	《缙绅全书》光绪三十年冬
知县	党献寿	陕西郃阳人	进士	《缙绅全书》《中枢备览》光绪三十一年春
知县	党献寿	陕西郃阳人	进士	《爵秩全览》光绪三十一年夏

职官	人名	籍贯	出身	出处及在职时间
知县	党献寿	陕西部阳人	进士	《缙绅全书》《中枢备览》光绪三十一年夏
知县	党献寿	陕西部阳人	进士	《爵秩全览》光绪三十一年秋
知县	畅文藻	陕西人	举人	《缙绅全书》光绪三十二年夏
知县	畅文藻	陕西人	举人	《缙绅全书》光绪三十二年秋
知县	畅文藻	陕西人	举人	《缙绅全书》光绪三十二年冬
知县	畅文藻	陕西人	举人	《爵秩全览》光绪三十二年冬
知县	畅文藻	陕西人	举人	《爵秩全览》光绪三十三年春
知县	畅文藻	陕西人	举人	《缙绅全书》《中枢备览》光绪三十三年夏

职官	人名	籍贯	出身	出处及在职时间
知县	畅文藻	陕西人	举人	《爵秩全览》光绪三十三年秋
知县	畅文藻	陕西人	举人	《爵秩全览》光绪三十三年冬
知县	畅文藻	陕西人	举人	《爵秩全览》光绪三十四年春
知县	畅文藻	陕西人		《最新百官绿》光绪三十四年春
知县	畅文藻	陕西人	举人	《爵秩全览》光绪三十四年夏
知县	畅文藻	陕西人	举人	《爵秩全览》光绪三十四年秋
知县	畅文藻	陕西人	举人	《爵秩全览》光绪三十四年冬
知县	畅文藻	陕西人	举人	《爵秩全览》宣统元年春

职官	人名	籍贯	出身	出处及在职时间
知县	畅文藻	陕西人	举人	《爵秩全览》宣统元年夏
知县	畅文藻	陕西人	举人	《爵秩全览》宣统元年秋
知县	畅文藻	陕西人	举人	《爵秩全览》宣统元年冬
知县	杨文藻	陕西人	举人	《缙绅全书》宣统元年冬
知县	杨文藻	陕西人	举人	《爵秩全览》宣统二年春
知县	杨文藻	陕西人	举人	《爵秩全览》宣统二年夏
知县	杨文藻	陕西人	举人	《爵秩全览》宣统二年秋
知县	杨文藻	陕西人	举人	《爵秩全览》宣统二年冬

职官	人名	籍贯	出身	出处及在职时间
知县	杨文藻	陕西人	举人	《爵秩全览》宣统三年春
知县	高志成	浙江山阴人	监生	《职官录》宣统三年冬
知县	高志成	浙江山阴人	监生	《职官录》宣统四年春
知县	孙公鸿	业三韩	举人	《雍正高阳县志》
知县	史在篇	余姚	贡监	《雍正高阳县志》
知县	王志佐	满洲	贡士	《雍正高阳县志》

训　导

职官	人名	籍贯	出身	出处及在职时间
训导	姚舜臣	固安人	贡士	《雍正高阳县志》顺治二年

职官	人名	籍贯	出身	出处及在职时间
训导	李元鼎	静海人	贡士	《雍正高阳县志》顺治五年
训导	陈元陽	顺天人	贡士	《雍正高阳县志》顺治九年
训导	郝有光	肥乡人	贡士	《雍正高阳县志》顺治十一年
训导	单士华	沧州人	贡士	《雍正高阳县志》顺治十七年
训导	陈　谟	抚宁人	贡士	《雍正高阳县志》顺治十八年
训导	刘芳振	威县人	贡士	《雍正高阳县志》康熙十七年
训导	李　甡	肥乡人	贡士	《雍正高阳县志》康熙三十年
训导	杨士俊	玉田人	贡士	《雍正高阳县志》康熙四十六年
训导	张　伸	监山人	贡士	《雍正高阳县志》康熙五十六年

职官	人名	籍贯	出身	出处及在职时间
训导	徐纯祉	大兴人	贡士	《雍正高阳县志》康熙六十年
训导	孟　超	蓟州人	贡士	《雍正高阳县志》雍正三年
训导	王汝翼	涿州人	贡士	《雍正高阳县志》雍正六年

教　谕

职官	人名	籍贯	出身	出处及在职时间
教谕	张四可	海州人	贡士	《雍正高阳县志》顺治元年
教谕	常德峻	东光人	贡士	《雍正高阳县志》顺治九年
教谕	何　峋	大兴人	贡士	《雍正高阳县志》顺治十三年
教谕	黄道启	玉田人	举人	《雍正高阳县志》顺治十七年

职官	人名	籍贯	出身	出处及在职时间
教谕	谷秉谦	豊润人	举人	《雍正高阳县志》康熙四年
教谕	刘元烇	枣强人	举人	《雍正高阳县志》康熙七年
教谕	杨夑春	万全人	举人	《雍正高阳县志》康熙八年
教谕	申明庠	景州人	举人	《雍正高阳县志》康熙十九年
教谕	王廷谟	沧州人	戊午举人	《雍正高阳县志》康熙三十二年
备注：《民国二十年高阳县志》记载该人官职为笔帖式。				
教谕	张寅	河间人	乙卯举人	《雍正高阳县志》康熙四十二年
教谕	石　宪	豊润人	癸酉举人	《雍正高阳县志》康熙五十五年
教谕	邱　湄	锦县人	奉天礼部教习	《雍正高阳县志》雍正五年

职官	人名	籍贯	出身	出处及在职时间
教谕	李　缙	宛平人		《缙绅新书》乾隆十三年春
教谕	马拱辰	昌黎人	举人	《缙绅全本》乾隆二十五年冬
教谕	马拱辰	昌黎人	举人	《缙绅全本》乾隆二十六年秋
教谕	黄锡命	大名人	举人	《缙绅全书》乾隆三十年春
教谕	黄锡命	大名人	举人	《爵秩全本》乾隆三十年冬
教谕	韩　裔	天津人	举人	《爵秩全本》乾隆三十三年秋
教谕	李光基	沧州人	举人	《缙绅全书》《中枢备览》乾隆四十二年秋
教谕	陈　风	天津人	举人	《缙绅全书》《中枢备览》乾隆五十三年春
教谕	赵大玉	宁远州人	岁贡	《缙绅全书》嘉庆元年春

职官	人名	籍贯	出身	出处及在职时间
教谕	赵大玉	宁远州人	岁贡	《缙绅全书》嘉庆二年冬
教谕	赵大玉	宁远州人	岁贡	《缙绅全书》嘉庆三年秋
教谕	赵大玉	宁远州人	岁贡	《缙绅全书》嘉庆三年冬
教谕	邵自鏻	密云人	举人	《缙绅全书》嘉庆五年冬
教谕	邵自鏻	密云人	举人	《缙绅全书》嘉庆九年春
教谕	邵自鏻	密云人	举人	《缙绅全书》《中枢备览》嘉庆十一年春
教谕	邵自鏻	密云人	举人	《缙绅全书》嘉庆十一年夏
教谕	邵自鏻	密云人	举人	《缙绅全书》嘉庆十七年秋
教谕	王麟齐	大兴人	举人	《缙绅全书》嘉庆二十一年冬

职官	人名	籍贯	出身	出处及在职时间
教谕	张雷清	深州人	举人	《缙绅全书》嘉庆二十二年春
教谕	张雷清	深州人	举人	《缙绅全书》（大）嘉庆二十二年冬 《缙绅全书》（小）
教谕	王麟齐	大兴人	举人	《缙绅全书》嘉庆二十五年夏
教谕	唱天职	卢龙人	举人	《缙绅全书》《中枢备览》道光四年夏
教谕	唱天职	卢龙人	举人	《缙绅全书》道光四年夏
教谕	刘曾璥	天津人	举人	《爵秩全览》道光六年秋
教谕	刘会璥	天津人	举人	《缙绅全书》道光七年春
教谕	刘会璥	盐山人	举人	《缙绅全书》道光十年冬
教谕	刘会璥	监山县人	举人	《缙绅全书》《中枢备览》道光十三年夏

职官	人名	籍贯	出身	出处及在职时间
教谕	刘会璬	监山县人	举人	《缙绅全书》道光十四年春
教谕	刘会璬	监山县人	举人	《缙绅全书》道光十四年夏
教谕	刘会璬	监山县人	举人	《缙绅全书》《中枢备览》道光十六年夏
教谕	刘会璬	盐山县人	举人	《缙绅全书》道光十六年秋
教谕	刘会璬	盐山县人	举人	《缙绅全书》《中枢备览》道光十六年冬
教谕	张翼轸	顺天人	举人	《缙绅全书》道光十七年秋
教谕	张翼轸	顺天人	举人	《缙绅全书》道光十八年夏
教谕	张翼轸	顺天人	举人	《爵秩全览》道光十九年夏
教谕	张翼轸	顺天人	举人	《缙绅全书》道光二十年秋

职官	人名	籍贯	出身	出处及在职时间
教谕	张翼轸	顺天人	举人	《缙绅全书》道光二十年冬
教谕	张翼轸	顺天人	举人	《缙绅全书》《中枢备览》道光二十二年春
教谕	陈　原	河间人	举人	《缙绅全书》道光二十二年冬
教谕	陈　原	河间人	举人	《缙绅全书》道光二十五年夏
教谕	陈　原	河间人	举人	《缙绅全书》道光二十五年秋
教谕	陈　原	河间人	举人	《爵秩全览》道光二十六年
教谕	陈　原	河间人	举人	《缙绅全书》道光二十七年夏
教谕	陈　原	河间人	举人	《缙绅全书》道光二十七年秋
教谕	陈　原	河间人	廪贡	《爵秩全览》道光二十八年夏

职官	人名	籍贯	出身	出处及在职时间
教谕	陈　原	河间人	举人	《缙绅全书》道光二十八年冬
教谕	陈　原	河间人	举人	《缙绅全书》道光二十九年夏
教谕	陈　原	河间府人	廪贡	《爵秩全览》咸丰元年夏
教谕	陈　原	河间府人	廪贡	《爵秩全览》咸丰二年冬
教谕	陈　原	河间人	举人	《缙绅全书》咸丰三年夏
教谕	陈　原	河间人	举人	《缙绅全书》咸丰四年春
教谕	陈　原	河间人	举人	《缙绅全书》咸丰四年
教谕	陈　原	河间府人	廪贡	《爵秩全览》咸丰六年春
教谕	陈　原	河间人	举人	《缙绅全书》咸丰六年春

职官	人名	籍贯	出身	出处及在职时间
教谕	李攀麟	永平府人	举人	《爵秩全览》咸丰六年夏
教谕	李攀麟	永平府人	举人	《爵秩全览》咸丰七年秋
教谕	陈　原	河间府人	廪贡	《爵秩全览》咸丰七年冬
教谕	李攀麟	永平人	举人	《缙绅全书》咸丰八年冬
教谕	李攀麟	永平人	举人	《缙绅全书》咸丰九年夏
教谕	李攀麟	永平人	举人	《缙绅全书》咸丰十年秋
教谕	李攀麟	永平人	举人	《缙绅全书》咸丰十年
教谕	张康侯	广平人	举人	《缙绅全书》同治四年夏
教谕	张康侯	广平人	举人	《缙绅全书》同治五年春

职官	人名	籍贯	出身	出处及在职时间
教谕	张康侯	广平人	举人	《爵秩全览》同治六年春
教谕	张康侯	广平人	举人	《缙绅全书》同治六年春
教谕	张康侯	广平人	举人	《缙绅全书》同治六年秋
教谕	张康侯	广平人	举人	《缙绅全书》同治八年春
教谕	张康侯	广平人	举人	《缙绅全书》同治八年冬
教谕	张康侯	广平人	举人	《爵秩全览》同治九年春
教谕	张康侯	广平人	举人	《缙绅全书》同治九年夏
教谕	张康侯	广平人	举人	《爵秩全览》同治九年秋
教谕	张康侯	广平人	举人	《缙绅全书》同治九年冬

职官	人名	籍贯	出身	出处及在职时间
教谕	张康侯	广平人	举人	《缙绅全书》同治十年春
教谕	张康侯	广平人	举人	《缙绅全书》同治十年夏
教谕	张康侯	广平人	举人	《缙绅全书》同治十一年夏
教谕	张康侯	广平人	举人	《缙绅全书》《中枢备览》同治十一年秋
教谕	张康侯	广平人	举人	《缙绅全书》同治十二年冬
教谕	张康侯	广平人	举人	《缙绅全书》同治十三年春
教谕	张康侯	广平人	举人	《爵秩全览》同治十三年夏
教谕	张康侯	广平人	举人	《缙绅全书》同治十三年秋
教谕	张康侯	广平人	举人	《缙绅全书》同治十三年冬

职官	人名	籍贯	出身	出处及在职时间
教谕	张康侯	广平人	举人	《爵秩全览》同治十三年冬
教谕	张康侯	广平人	举人	《缙绅全书》《中枢备览》同治十三年冬
教谕	张康侯	广平人	举人	《爵秩全览》光绪元年夏
教谕	张康侯	广平人	举人	《爵秩全览》光绪元年秋
教谕	张康侯	广平人	举人	《缙绅全书》光绪二年秋
教谕	张康侯	广平人	举人	《爵秩全览》光绪二年冬
教谕	刘廷霖	顺天人	举人	《缙绅全书》《中枢备览》光绪三年夏
教谕	刘廷霖	顺天人	举人	《缙绅全书》光绪三年秋
教谕	刘廷霖	顺天人	举人	《爵秩全览》光绪三年冬

职官	人名	籍贯	出身	出处及在职时间
教谕	刘廷霖	顺天人	举人	《缙绅全书》《中枢备览》光绪四年秋
教谕	刘廷霖	顺天人	举人	《爵秩全览》光绪四年冬
教谕	刘廷霖	顺天人	举人	《缙绅全书》光绪五年春
教谕	刘廷霖	顺天人	举人	《缙绅全书》光绪五年秋
教谕	丁　琪	顺天人	举人	《缙绅全书》《中枢备览》光绪五年冬
教谕	丁　琪	顺天人	举人	《缙绅全书》光绪七年春
教谕	丁　琪	顺天人	举人	《爵秩全览》光绪七年冬
教谕	丁　琪	顺天人	举人	《缙绅全书》光绪七年冬
教谕	丁　琪	顺天人	举人	《缙绅全书》光绪八年冬

职官	人名	籍贯	出身	出处及在职时间
教谕	丁　琪	天津人	举人	《爵秩全览》光绪十年夏
教谕	丁　琪	天津人	举人	《爵秩全览》光绪十年秋
教谕	丁　琪	天津人	举人	《爵秩全览》光绪十一年春
教谕	丁　琪	天津人	举人	《爵秩全览》光绪十一年夏
教谕	周世芳	冀州人	廪贡	《爵秩全览》光绪十一年秋
教谕	周世芳	冀州人	廪贡	《爵秩全览》光绪十二年夏
教谕	周世芳	冀州人	廪贡	《缙绅全书》光绪十二年秋
教谕	周世芳	冀州人	廪贡	《爵秩全览》光绪十三年春
教谕	周世芳	冀州人	廪贡	《缙绅全书》《中枢备览》光绪十三年夏

职官	人名	籍贯	出身	出处及在职时间
教谕	周世芳	冀州人	廪贡	《缙绅全书》光绪十三年冬
教谕	周世芳	冀州人	廪贡	《缙绅全书》光绪十四年夏
教谕	周世芳	冀州人	廪贡	《爵秩全览》光绪十四年冬
教谕	周世芳	冀州人	廪贡	《爵秩全览》光绪十五年夏
教谕	周世芳	冀州人	廪贡	《爵秩全览》光绪十五年秋
教谕	周世芳	冀州人	廪贡	《爵秩全览》光绪十五年冬
教谕	周世芳	冀州人	廪贡	《缙绅全书》光绪十六年春
教谕	周世芳	冀州人	廪贡	《缙绅全书》光绪十六年冬
教谕	周世芳	冀州人	廪贡	《爵秩全览》光绪十八年春

职官	人名	籍贯	出身	出处及在职时间
教谕	周世芳	冀州人	廪贡	《爵秩全览》光绪十八年秋
教谕	周世芳	冀州人	廪贡	《爵秩全览》光绪十八年冬
教谕	周世芳	冀州人	廪贡	《缙绅全书》光绪十九年春
教谕	周世芳	冀州人	廪贡	《爵秩全览》光绪十九年夏
教谕	周世芳	冀州人	廪贡	《爵秩全览》光绪十九年秋
教谕	周世芳	冀州人	廪贡	《缙绅全书》光绪十九年冬
教谕	周世芳	冀州人	廪贡	《爵秩全览》光绪十九年冬
教谕	周世芳	冀州人	廪贡	《缙绅全书》《中枢备览》光绪二十年夏
教谕	周世芳	冀州人	廪贡	《爵秩全览》光绪二十年秋

职官	人名	籍贯	出身	出处及在职时间
教谕	周世芳	冀州人	廪贡	《爵秩全览》光绪二十一年春
教谕	周世芳	冀州人	廪贡	《爵秩全览》光绪二十一年夏
教谕	周世芳	冀州人	廪贡	《爵秩全览》光绪二十一年秋
教谕	周世芳	冀州人	廪贡	《缙绅全书》光绪二十一年冬
教谕	周世芳	冀州人	廪贡	《爵秩全览》光绪二十二年春
教谕	周世芳	冀州人	廪贡	《缙绅全书》光绪二十二年春
教谕	周世芳	冀州人	廪贡	《爵秩全览》光绪二十二年夏
教谕	周世芳	冀州人	廪贡	《爵秩全览》光绪二十二年秋
教谕	周世芳	冀州人	廪贡	《爵秩全览》光绪二十二年冬

职官	人名	籍贯	出身	出处及在职时间
教谕	陈世锐	天津府人	举人	《爵秩全览》光绪二十三年夏
教谕	陈世锐	天津人	举人	《缙绅全书》《中枢备览》光绪二十三年秋
教谕	陈世锐	天津人	举人	《爵秩全览》光绪二十三年冬
教谕	陈世锐	天津人	举人	《爵秩全览》光绪二十四年春
教谕	陈世锐	天津人	举人	《爵秩全览》光绪二十四年秋
教谕	陈世锐	天津人	举人	《爵秩全览》光绪二十四年冬
教谕	陈世锐	天津人	举人	《缙绅全书》光绪二十四年冬
教谕	陈世锐	天津人	举人	《爵秩全览》光绪二十五年春
教谕	陈世锐	天津人	举人	《缙绅全书》《中枢备览》光绪二十五年春

职官	人名	籍贯	出身	出处及在职时间
教谕	陈世锐	天津人	举人	《爵秩全览》光绪二十五年夏
教谕	陈世锐	天津人	举人	《缙绅全书》光绪二十五年夏
教谕	陈世锐	天津人	举人	《爵秩全览》光绪二十五年秋
教谕	陈世锐	天津人	举人	《缙绅全书》《中枢备览》光绪二十五年冬
教谕	陈世锐	天津人	举人	《缙绅全书》《中枢备览》光绪二十六年春
教谕	陈世锐	天津人	举人	《缙绅全书》光绪二十六年夏
教谕	陈世锐	天津人	举人	《爵秩全览》光绪二十六年秋
教谕	陈世锐	天津人	举人	《缙绅全书》光绪二十七年春
教谕	陈世锐	天津人	举人	《爵秩全览》光绪二十七年冬

职官	人名	籍贯	出身	出处及在职时间
教谕	陈世锐	天津人	举人	《缙绅全书》《中枢备览》光绪二十七年冬
教谕	陈世锐	天津人	举人	《爵秩全览》光绪二十八年春
教谕	陈世锐	天津人	举人	《缙绅全书》《中枢备览》光绪二十八年夏
教谕	陈世锐	天津人	举人	《缙绅全书》《中枢备览》光绪二十八年秋
教谕	陈世锐	天津人	举人	《缙绅全书》《中枢备览》光绪二十八年冬
教谕	陈世锐	天津人	举人	《爵秩全览》光绪二十九年春
教谕	陈世锐	天津人	举人	《缙绅全书》光绪二十九年夏
教谕	陈世锐	天津人	举人	《爵秩全览》光绪二十九年秋
教谕	陈世锐	天津人	举人	《缙绅全书》《中枢备览》光绪二十九年秋

职官	人名	籍贯	出身	出处及在职时间
教谕	陈世锐	天津人	举人	《缙绅全书》《中枢备览》光绪二十九年冬
教谕	陈世锐	天津人	举人	《缙绅全书》《中枢备览》光绪三十年春
教谕	陈世锐	天津人	举人	《爵秩全览》光绪三十年夏
教谕	陈世锐	天津人	举人	《缙绅全书》《中枢备览》光绪三十年夏
教谕	陈世锐	天津人	举人	《缙绅全书》光绪三十年冬
教谕	陈世锐	天津人	举人	《缙绅全书》《中枢备览》光绪三十一年春
教谕	陈世锐	天津人	举人	《爵秩全览》光绪三十一年夏
教谕	陈世锐	天津人	举人	《缙绅全书》《中枢备览》光绪三十一年夏
教谕	陈世锐	天津人	举人	《爵秩全览》光绪三十一年秋

职官	人名	籍贯	出身	出处及在职时间
教谕	陈世锐	天津人	举人	《爵秩全览》光绪三十一年冬
教谕	陈世锐	天津人	举人	《爵秩全览》光绪三十二年春
教谕	陈世锐	天津人	举人	《缙绅全书》《中枢备览》光绪三十二年春
教谕	陈世锐	天津人	举人	《缙绅全书》光绪三十二年夏
教谕	陈世锐	天津人	举人	《缙绅全书》光绪三十二年秋
教谕	陈世锐	天津人	举人	《缙绅全书》光绪三十二年冬
教谕	陈世锐	天津人	举人	《爵秩全览》光绪三十二年冬
教谕	陈世锐	天津人	举人	《爵秩全览》光绪三十三年春
教谕	陈世锐	天津人	举人	《缙绅全书》《中枢备览》光绪三十三年夏

职官	人名	籍贯	出身	出处及在职时间
教谕	陈世锐	天津府人	举人	《爵秩全览》光绪三十三年秋
教谕	陈世锐	天津府人	举人	《爵秩全览》光绪三十三年冬
教谕	陈世锐	天津府人	举人	《爵秩全览》光绪三十四年春
教谕	陈世锐	天津府人	举人	《爵秩全览》光绪三十四年夏
教谕	陈世锐	天津府人	举人	《爵秩全览》光绪三十四年秋
教谕	陈世锐	天津府人	举人	《爵秩全览》光绪三十四年冬
教谕	陈世锐	天津府人	举人	《爵秩全览》宣统元年春
教谕	陈世锐	天津府人	举人	《爵秩全览》宣统元年夏

职官	人名	籍贯	出身	出处及在职时间
教谕	陈世锐	天津府人	举人	《爵秩全览》宣统元年秋
教谕	陈世锐	天津府人	举人	《爵秩全览》宣统元年冬
教谕	陈世锐	天津人	举人	《缙绅全书》宣统元年冬
教谕	陈世锐	天津人	举人	《爵秩全览》宣统二年春
教谕	陈世锐	天津人	举人	《爵秩全览》宣统二年夏
教谕	陈世锐	天津人	举人	《爵秩全览》宣统二年秋
教谕	陈世锐	天津人	举人	《爵秩全览》宣统二年冬
教谕	陈世锐	天津人	举人	《爵秩全览》宣统三年春

职官	人名	籍贯	出身	出处及在职时间
教谕	陈世锐	天津人	举人	《爵秩全览》宣统三年夏
教谕	陈世锐	天津人	举人	《爵秩全览》宣统三年秋
教谕	陈世锐	天津人	举人	《职官录》宣统三年冬
教谕	陈世锐	天津人	举人	《职官录》宣统四年春

加三级同知用知县

职官	人名	籍贯	出身	出处及在职时间
加三级同知用知县	盛　鸿	浙江富阳人	举人	《缙绅全书》光绪十二年秋
加三级同知用知县	盛　鸿	浙江富阳人	举人	《缙绅全书》《中枢备览》光绪十三年夏

职官	人名	籍贯	出身	出处及在职时间
加三级同知用知县	盛　鸿	浙江富阳人	举人	《缙绅全书》光绪十三年冬
加三级同知用知县	盛　鸿	浙江富阳人	举人	《缙绅全书》光绪十四年夏

管河县丞

职官	人名	籍贯	出身	出处及在职时间
管河县丞	李　锦	广东人		《雍正高阳县志》雍正六年
管河县丞	李世武	江苏人	例监	《缙绅全本》乾隆二十五年冬
管河县丞	李世武	江苏人	例监	《缙绅全本》乾隆二十六年秋
管河县丞	李世武	江苏人	例监	《缙绅全书》乾隆三十年春

职官	人名	籍贯	出身	出处及在职时间
管河县丞	李世武	江苏人	例监	《爵秩全本》乾隆三十年冬
管河县丞	归景照	江苏常熟人	监生	《爵秩全本》乾隆三十三年秋
管河县丞	刘　炤	满洲人	监生	《缙绅全书》《中枢备览》乾隆四十二年秋
管河县丞	蒋元义	江苏吴县人	监生	《缙绅全书》《中枢备览》乾隆五十三年春
管河县丞	蒋元爔	江苏吴县人	保举	《缙绅全书》嘉庆元年春
管河县丞	蒋元爔	江苏吴县人	保举	《缙绅全书》嘉庆二年冬
管河县丞	蒋元爔	江苏吴县人	保举	《缙绅全书》嘉庆三年秋
管河县丞	蒋元爔	江苏吴县人	保举	《缙绅全书》嘉庆三年冬
管河县丞	蒋元爔	江苏吴县人	保举	《缙绅全书》嘉庆五年冬

职官	人名	籍贯	出身	出处及在职时间
管河县丞	汪应铃	浙江秀水人	监生	《缙绅全书》嘉庆九年春
管河县丞	汪应铃	浙江秀水人	监生	《缙绅全书》《中枢备览》嘉庆十一年春
管河县丞	汪应铃	浙江秀水人	监生	《缙绅全书》嘉庆十一年夏
管河县丞	倪时庆	浙江钱塘人	监生	《缙绅全书》嘉庆十七年秋
管河县丞	厉维梁	浙江山阴人	监生	《缙绅全书》嘉庆二十一年冬
管河县丞	冯季曾	山西屯留人	监生	《缙绅全书》嘉庆二十二年春
管河县丞	冯季曾	山西屯留人	监生	《缙绅全书》（大）嘉庆二十二年冬 《缙绅全书》（小）
管河县丞	厉维梁	浙江山阴人	监生	《缙绅全书》嘉庆二十五年夏
管河县丞	厉维梁	浙江萧山人	监生	《缙绅全书》《中枢备览》道光四年夏

职官	人名	籍贯	出身	出处及在职时间
管河县丞	厉维梁	浙江萧山人	监生	《缙绅全书》道光四年夏
管河县丞	朱瑞金	浙江乌程人	廪贡	《爵秩全览》道光六年秋
管河县丞	朱瑞金	浙江人	廪贡	《缙绅全书》道光七年春
管河县丞	朱瑞金	浙江乌程人	□贡	《缙绅全书》道光十年冬

复设训导

职官	人名	籍贯	出身	出处及在职时间
复设训导	刘而越	香河人	岁贡	《缙绅新书》乾隆十三年春
复设训导	张如载	永清人	岁贡	《缙绅全本》乾隆二十五年冬
复设训导	张如载	永清人	岁贡	《缙绅全本》乾隆二十六年秋

职官	人名	籍贯	出身	出处及在职时间
复设训导	张如载	永清人	岁贡	《缙绅全书》乾隆三十年春
复设训导	张如载	永清人	岁贡	《爵秩全本》乾隆三十年冬
复设训导	张如载	永清人	岁贡	《爵秩全本》乾隆三十三年秋
复设训导	董时行	丰润人	廪贡	《缙绅全书》《中枢备览》乾隆四十二年秋
复设训导	李云龙	昌平州人	廪贡	《缙绅全书》《中枢备览》乾隆五十三年春
复设训导	谷生芸	顺天府人	岁贡	《缙绅全书》嘉庆元年春
复设训导	谷生芸	顺天府人	岁贡	《缙绅全书》嘉庆二年冬
复设训导	谷生芸	顺天府人	岁贡	《缙绅全书》嘉庆三年秋
复设训导	谷生芸	顺天府人	岁贡	《缙绅全书》嘉庆三年冬

职官	人名	籍贯	出身	出处及在职时间
复设训导	贾　鳌	天津人	举人	《缙绅全书》嘉庆五年冬
复设训导	贾　鳌	天津人	举人	《缙绅全书》嘉庆九年春
复设训导	贾　鳌	天津人	举人	《缙绅全书》《中枢备览》嘉庆十一年春
复设训导	贾　鳌	天津人	举人	《缙绅全书》嘉庆十一年夏
复设训导	贾　鳌	天津人	举人	《缙绅全书》嘉庆十七年秋
复设训导	吴元俊	武强人	廪贡	《缙绅全书》嘉庆二十一年冬
复设训导	吴元俊	武强人	廪贡	《缙绅全书》嘉庆二十二年春
复设训导	吴元俊	武强人	廪贡	《缙绅全书》（大）嘉庆二十二年冬 《缙绅全书》（小）
复设训导	吴元俊	武强人	廪贡	《缙绅全书》嘉庆二十五年夏

职官	人名	籍贯	出身	出处及在职时间
复设训导	孙绍登	天津人	举人	《缙绅全书》《中枢备览》道光四年夏
复设训导	孙绍登	天津人	举人	《缙绅全书》道光四年夏
复设训导	孙绍登	天津人	举人	《爵秩全览》道光六年秋
复设训导	孙绍登	天津人	举人	《缙绅全书》道光七年春
复设训导	孙绍登	天津人	举人	《缙绅全书》道光十年冬
复设训导	孙绍登	天津人	举人	《缙绅全书》《中枢备览》道光十三年夏
复设训导	孙绍登	天津人	举人	《缙绅全书》道光十四年春
复设训导	孙绍登	天津人	举人	《缙绅全书》道光十四年夏
复设训导	孙绍登	天津人	举人	《缙绅全书》《中枢备览》道光十六年夏

职官	人名	籍贯	出身	出处及在职时间
复设训导	孙绍登	天津人	举人	《缙绅全书》道光十六年秋
复设训导	孙绍登	天津人	举人	《缙绅全书》《中枢备览》道光十六年冬
复设训导	孙绍登	天津人	举人	《缙绅全书》道光十七年秋
复设训导	孙绍登	天津人	举人	《缙绅全书》道光十八年夏
复设训导	孙绍登	天津人	举人	《爵秩全览》道光十九年夏
复设训导	孙绍登	天津人	举人	《缙绅全书》道光二十年秋
复设训导	孙绍登	天津人	举人	《缙绅全书》道光二十年冬
复设训导	孙绍登	天津人	举人	《缙绅全书》《中枢备览》道光二十二年春
复设训导	孙绍登	天津人	举人	《缙绅全书》道光二十二年冬

职官	人名	籍贯	出身	出处及在职时间
复设训导	孙绍登	天津人	举人	《缙绅全书》道光二十五年夏
复设训导	孙绍登	天津人	举人	《缙绅全书》道光二十五年秋
复设训导	孙绍登	天津人	举人	《爵秩全览》道光二十六年
复设训导	孙绍登	天津人	举人	《缙绅全书》道光二十七年夏
复设训导	孙绍登	天津人	举人	《缙绅全书》道光二十七年秋
复设训导	孙绍登	天津人	举人	《爵秩全览》道光二十八年夏
复设训导	张师载	昌平州人	附贡	《缙绅全书》道光二十八年冬
复设训导	张师载	昌平州人	附贡	《缙绅全书》道光二十九年夏
复设训导	张师载	顺天府人	优贡	《爵秩全览》咸丰元年夏

职官	人名	籍贯	出身	出处及在职时间
复设训导	张师载	顺天府人	优贡	《爵秩全览》咸丰二年冬
复设训导	张师载	顺天人	优贡	《缙绅全书》咸丰三年夏
复设训导	孙绍登	天津人	举人	《缙绅全书》咸丰四年春
复设训导	张　嵇	大名人	廪贡	《缙绅全书》咸丰四年
复设训导	张　嵇	大名府人	廪贡	《爵秩全览》咸丰六年春
复设训导	张　嵇	大名人	廪贡	《缙绅全书》咸丰六年春
复设训导	张　嵇	大名府人	廪贡	《爵秩全览》咸丰六年夏
复设训导	张　嵇	大名府人	廪贡	《爵秩全览》咸丰七年秋
复设训导	张　嵇	大名府人	廪贡	《爵秩全览》咸丰七年冬

职官	人名	籍贯	出身	出处及在职时间
复设训导	张　嵇	大名人	廪贡	《缙绅全书》咸丰八年冬
复设训导	张　嵇	大名人	廪贡	《缙绅全书》咸丰九年夏
复设训导	张　嵇	大名人	廪贡	《缙绅全书》咸丰十年秋
复设训导	张　嵇	大名人	廪贡	《缙绅全书》咸丰十年
复设训导	张　嵇	大名人	廪贡	《缙绅全书》同治四年夏
复设训导	张　嵇	大名人	廪贡	《缙绅全书》同治五年春
复设训导	李若樾	永平人	岁贡	《爵秩全览》同治六年春
复设训导	李若樾	永平人	岁贡	《缙绅全书》同治六年春
复设训导	李若樾	永平人	岁贡	《缙绅全书》同治六年秋

职官	人名	籍贯	出身	出处及在职时间
复设训导	李若樾	永平人	岁贡	《缙绅全书》同治八年春
复设训导	李若樾	永平人	岁贡	《缙绅全书》同治八年冬
复设训导	李若樾	永平人	岁贡	《爵秩全览》同治九年春
复设训导	李若樾	永平人	岁贡	《缙绅全书》同治九年夏
复设训导	李若樾	永平人	岁贡	《爵秩全览》同治九年秋
复设训导	李若樾	永平人	岁贡	《缙绅全书》同治九年冬
复设训导	李若樾	永平人	岁贡	《缙绅全书》同治十年春
复设训导	李若樾	永平人	岁贡	《缙绅全书》同治十年夏
复设训导	李若樾	永平人	岁贡	《缙绅全书》同治十一年夏

职官	人名	籍贯	出身	出处及在职时间
复设训导	李若樾	永平人	岁贡	《缙绅全书》《中枢备览》同治十一年秋
复设训导	李若樾	永平人	岁贡	《缙绅全书》同治十二年冬
复设训导	李若樾	永平人	岁贡	《缙绅全书》同治十三年春
复设训导	李若樾	永平人	岁贡	《爵秩全览》同治十三年夏
复设训导	李若樾	永平人	岁贡	《缙绅全书》同治十三年秋
复设训导	李若樾	永平人	岁贡	《缙绅全书》同治十三年冬
复设训导	李若樾	永平人	岁贡	《爵秩全览》同治十三年冬
复设训导	李若樾	永平人	岁贡	《缙绅全书》《中枢备览》同治十三年冬
复设训导	李若樾	永平人	岁贡	《爵秩全览》光绪元年夏

职官	人名	籍贯	出身	出处及在职时间
复设训导	李若樾	永平人	岁贡	《爵秩全览》光绪元年秋
复设训导	李若樾	永平人	岁贡	《缙绅全书》光绪二年秋
复设训导	李若樾	永平人	岁贡	《爵秩全览》光绪二年冬
复设训导	李若樾	永平人	岁贡	《缙绅全书》《中枢备览》光绪三年夏
复设训导	李若樾	永平人	岁贡	《缙绅全书》光绪三年秋
复设训导	李若樾	永平人	岁贡	《爵秩全览》光绪三年冬
复设训导	李若樾	永平人	岁贡	《缙绅全书》《中枢备览》光绪四年秋
复设训导	李若樾	永平人	岁贡	《爵秩全览》光绪四年冬
复设训导	李若樾	永平人	岁贡	《缙绅全书》光绪五年春

职官	人名	籍贯	出身	出处及在职时间
复设训导	李若樾	永平人	岁贡	《缙绅全书》光绪五年秋
复设训导	李若樾	永平人	岁贡	《缙绅全书》《中枢备览》光绪五年冬
复设训导	李若樾	永平人	岁贡	《缙绅全书》光绪七年春
复设训导	李若樾	永平人	岁贡	《爵秩全览》光绪七年冬
复设训导	李若樾	永平人	岁贡	《缙绅全书》光绪七年冬
复设训导	李若樾	永平人	岁贡	《缙绅全书》光绪八年冬
复设训导	李若樾	永平人	岁贡	《爵秩全览》光绪十年夏
复设训导	李若樾	永平人	岁贡	《爵秩全览》光绪十年秋
复设训导	毛毓琛	顺天府人	举人	《爵秩全览》光绪十一年春

职官	人名	籍贯	出身	出处及在职时间
复设训导	毛毓琛	顺天府人	举人	《爵秩全览》光绪十一年夏
复设训导	毛毓琛	顺天府人	举人	《爵秩全览》光绪十一年秋
复设训导	毛毓琛	顺天府人	举人	《爵秩全览》光绪十二年夏
复设训导	毛毓琛	顺天府人	举人	《缙绅全书》光绪十二年秋
复设训导	毛毓琛	顺天府人	举人	《爵秩全览》光绪十三年春
复设训导	毛毓琛	顺天府人	举人	《缙绅全书》《中枢备览》光绪十三年夏
复设训导	毛毓琛	顺天府人	举人	《缙绅全书》光绪十三年冬
复设训导	毛毓琛	顺天府人	举人	《缙绅全书》光绪十四年夏
复设训导	李荫棠	深州人	廪生	《爵秩全览》光绪十四年冬

职官	人名	籍贯	出身	出处及在职时间
复设训导	李荫棠	深州人	廪生	《爵秩全览》光绪十五年夏
复设训导	李荫棠	深州人	廪生	《爵秩全览》光绪十五年秋
复设训导	李荫棠	深州人	廪生	《爵秩全览》光绪十五年冬
复设训导	李荫棠	深州人	优廪	《缙绅全书》光绪十六年春
复设训导	李荫棠	深州人	廪生	《缙绅全书》光绪十六年冬
复设训导	李荫棠	深州人	廪生	《爵秩全览》光绪十八年春
复设训导	李荫棠	深州人	廪生	《爵秩全览》光绪十八年秋
复设训导	李荫棠	深州人	廪生	《爵秩全览》光绪十八年冬
复设训导	李荫棠	深州人	廪生	《缙绅全书》光绪十九年春

职官	人名	籍贯	出身	出处及在职时间
复设训导	李荫棠	深州人	廪生	《爵秩全览》光绪十九年夏
复设训导	李荫棠	深州人	廪生	《爵秩全览》光绪十九年秋
复设训导	李荫棠	深州人	优贡	《缙绅全书》光绪十九年冬
复设训导	李荫棠	深州人	廪生	《爵秩全览》光绪十九年冬
复设训导	李荫棠	深州人	优廪	《缙绅全书》《中枢备览》光绪二十年夏
复设训导	李荫棠	深州人	廪生	《爵秩全览》光绪二十年秋
复设训导	李荫棠	深州人	廪生	《爵秩全览》光绪二十一年春
复设训导	李荫棠	深州人	廪生	《爵秩全览》光绪二十一年夏
复设训导	李荫棠	深州人	廪生	《爵秩全览》光绪二十一年秋

职官	人名	籍贯	出身	出处及在职时间
复设训导	李荫棠	深州人	廪生	《缙绅全书》光绪二十一年冬
复设训导	李荫棠	深州人	廪生	《爵秩全览》光绪二十二年春
复设训导	李荫棠	深州人	优廪	《缙绅全书》光绪二十二年春
复设训导	李荫棠	深州人	廪生	《爵秩全览》光绪二十二年夏
复设训导	李荫棠	深州人	廪生	《爵秩全览》光绪二十二年秋
复设训导	李荫棠	深州人	廪生	《爵秩全览》光绪二十二年冬
复设训导	李荫棠	深州人	廪生	《爵秩全览》光绪二十三年夏
复设训导	李荫棠	深州人	优廪	《缙绅全书》《中枢备览》光绪二十三年秋
复设训导	李荫棠	深州人	廪生	《爵秩全览》光绪二十三年冬

职官	人名	籍贯	出身	出处及在职时间
复设训导	李荫棠	深州人	廪生	《爵秩全览》光绪二十四年春
复设训导	李荫棠	深州人	廪生	《爵秩全览》光绪二十四年秋
复设训导	李荫棠	深州人	廪生	《爵秩全览》光绪二十四年冬
复设训导	李荫棠	深州人	优廪	《缙绅全书》光绪二十四年冬
复设训导	李荫棠	深州人	廪生	《爵秩全览》光绪二十五年春
复设训导	李荫棠	深州人	优廪	《缙绅全书》《中枢备览》光绪二十五年春
复设训导	李荫棠	深州人	廪生	《爵秩全览》光绪二十五年夏
复设训导	李荫棠	深州人	优廪	《缙绅全书》光绪二十五年夏
复设训导	李荫棠	深州人	廪生	《爵秩全览》光绪二十五年秋

职官	人名	籍贯	出身	出处及在职时间
复设训导	李荫棠	深州人	优廪	《缙绅全书》《中枢备览》光绪二十五年冬
复设训导	李荫棠	深州人	优廪	《缙绅全书》《中枢备览》光绪二十六年春
复设训导	李荫棠	深州人	廪生	《缙绅全书》光绪二十六年夏
复设训导	李荫棠	深州人	廪生	《爵秩全览》光绪二十六年秋
复设训导	李荫棠	深州人	优廪	《缙绅全书》光绪二十七年春
复设训导	李　润	顺天人	增贡	《爵秩全览》光绪二十七年冬
复设训导	李　润	顺天人	增贡	《缙绅全书》《中枢备览》光绪二十七年冬
复设训导	李　润	顺天人	增贡	《爵秩全览》光绪二十八年春

职官	人名	籍贯	出身	出处及在职时间
复设训导	李　润	顺天人	增贡	《缙绅全书》《中枢备览》光绪二十八年夏
复设训导	李　润	顺天人	增贡	《爵秩全览》光绪二十八年秋 《缙绅全书》《中枢备览》光绪二十八年秋
复设训导	李　润	顺天人	增贡	《缙绅全书》《中枢备览》光绪二十八年冬
复设训导	李　润	顺天人	增贡	《爵秩全览》光绪二十九年春
复设训导	邹维熊	宣化府人	附贡	《缙绅全书》《中枢备览》光绪二十九年春
复设训导	邹维熊	宣化府人	附贡	《缙绅全书》光绪二十九年夏
复设训导	邹维熊	宣化府人	附贡	《爵秩全览》光绪二十九年秋
复设训导	邹维熊	宣化府人	附贡	《缙绅全书》《中枢备览》光绪二十九年秋

职官	人名	籍贯	出身	出处及在职时间
复设训导		宣化府人	附贡	《缙绅全书》《中枢备览》光绪二十九年冬
复设训导		宣化府人	附贡	《缙绅全书》《中枢备览》光绪三十年春
复设训导	邹维熊	宣化府人	附贡	《爵秩全览》光绪三十年夏
复设训导	邹维熊	宣化府人	附贡	《缙绅全书》《中枢备览》光绪三十年夏
复设训导	邹维熊	宣化府人	附贡	《缙绅全书》光绪三十年冬
复设训导	邹维熊	宣化府人	附贡	《缙绅全书》《中枢备览》光绪三十一年春
复设训导	邹维熊	宣化府人	附贡	《爵秩全览》光绪三十一年夏
复设训导	邹维熊	宣化府人		《缙绅全书》《中枢备览》光绪三十一年夏
复设训导	邹维熊	宣化人	附贡	《爵秩全览》光绪三十一年秋

职官	人名	籍贯	出身	出处及在职时间
复设训导	邹维熊	宣化府人	附贡	《爵秩全览》光绪三十一年冬
复设训导	邹维熊	宣化府人	附贡	《爵秩全览》光绪三十二年春
复设训导	邹维熊	宣化府人	附贡	《缙绅全书》《中枢备览》光绪三十二年春
复设训导	邹维熊	宣化府人	附贡	《缙绅全书》光绪三十二年夏
复设训导	邹维熊	宣化府人	附贡	《缙绅全书》光绪三十二年秋
复设训导	邹维熊	宣化府人	附贡	《缙绅全书》光绪三十二年冬
复设训导	邹维熊	宣化府人	附贡	《爵秩全览》光绪三十二年冬
复设训导	邹维熊	宣化府人	附贡	《爵秩全览》光绪三十三年春

职官	人名	籍贯	出身	出处及在职时间
复设训导	邹维熊	宣化府人	附贡	《缙绅全书》《中枢备览》光绪三十三年夏
复设训导	邹维熊	宣化府人	附贡	《爵秩全览》光绪三十三年秋
复设训导	邹维熊	宣化府人	附贡	《爵秩全览》光绪三十三年冬
复设训导	邹维熊	宣化府人	附贡	《爵秩全览》光绪三十四年春
复设训导	邹维熊	宣化府人	附贡	《爵秩全览》光绪三十四年夏
复设训导	邹维熊	宣化府人	附贡	《爵秩全览》光绪三十四年秋
复设训导	邹维熊	宣化府人	附贡	《爵秩全览》光绪三十四年冬
复设训导	邹维熊	宣化府人	附贡	《爵秩全览》宣统元年春
复设训导	邹维熊	宣化府人	附贡	《爵秩全览》宣统元年夏

职官	人名	籍贯	出身	出处及在职时间
复设训导	邹维熊	宣化府人	附贡	《爵秩全览》宣统元年秋
复设训导	邹维熊	宣化府人	附贡	《缙绅全书》宣统元年冬
复设训导	邹维熊	宣化府人	附贡	《爵秩全览》宣统二年春
复设训导	邹维熊	宣化府人	附贡	《爵秩全览》宣统二年夏
复设训导	邹维熊	宣化府人	附贡	《爵秩全览》宣统二年秋
复设训导	邹维熊	宣化府人	附贡	《爵秩全览》宣统二年冬
复设训导	邹维熊	宣化府人	附贡	《爵秩全览》宣统三年春
复设训导	邹维熊	宣化府人	附贡	《爵秩全览》宣统三年夏
复设训导	邹维熊	宣化府人	附贡	《爵秩全览》宣统三年秋

职官	人名	籍贯	出身	出处及在职时间
复设训导	邹维熊	宣化府人	附贡	《职官录》宣统三年冬
复设训导	邹维熊	宣化府人	附贡	《职官录》宣统四年春

典　史

职官	人名	籍贯	出身	出处及在职时间
典史	屈励善	华州人	吏员	《雍正高阳县志》顺治元年
典史	郭鸣鸾	华洲人	吏员	《雍正高阳县志》顺治十年
典史	杨用我	三原人	吏员	《雍正高阳县志》顺治十五年
典史	王自立	青州人	吏员	《雍正高阳县志》康熙元年
典史	马国柱	会稽人	吏员	《雍正高阳县志》康熙四年

职官	人名	籍贯	出身	出处及在职时间
典史	顾咸宁	会稽人	吏员	《雍正高阳县志》康熙六年
典史	李作舟	河南颍州人	吏员	《雍正高阳县志》康熙四十二年
典史	邢　辅	山西阳曲人	吏员	《雍正高阳县志》康熙五十三年
典史	来凤翔	陕西三原人	驿丞	《雍正高阳县志》雍正三年
典史	张大法	江南含山人	供事	《雍正高阳县志》雍正七年
典史	葛休龄	江南新阳人	内供	《缙绅新书》乾隆十三年春
典史	虞　煌	浙江山阴人		《缙绅全本》乾隆二十五年冬
典史	虞　煌	浙江山阴人		《缙绅全本》乾隆二十六年秋
典史	李正醇	广东人	监生	《缙绅全书》乾隆三十年春

职官	人名	籍贯	出身	出处及在职时间
典史	余士燮	河南桐柏人	监生	《爵秩全本》乾隆三十年冬
典史	徐　堂	浙江上虞人	监生	《缙绅全书》《中枢备览》乾隆四十二年秋
典史	苏若霖	安徽人	议叙	《缙绅全书》《中枢备览》乾隆五十三年春
典史	张学源	安徽青阳人	议叙	《缙绅全书》嘉庆元年春
典史	张学源	安徽青阳人	议叙	《缙绅全书》嘉庆二年冬
典史	张学源	安徽青阳人	议叙	《缙绅全书》嘉庆三年秋
典史	张学源	安徽青阳人	议叙	《缙绅全书》嘉庆三年冬
典史	张学源	安徽青阳人	议叙	《缙绅全书》嘉庆五年冬
典史	毕　林	安徽石埭人	监生	《缙绅全书》嘉庆九年春

职官	人名	籍贯	出身	出处及在职时间
典史	毕　林	安徽石埭人	监生	《缙绅全书》《中枢备览》嘉庆十一年春
典史	毕　林	安徽石埭人	监生	《缙绅全书》嘉庆十一年夏
典史	徐秉贤	江苏吴县人	监生	《缙绅全书》嘉庆十七年秋
典史	徐秉贤	江苏吴县人	监生	《缙绅全书》嘉庆二十一年冬
典史	徐秉贤	江苏吴县人	监生	《缙绅全书》嘉庆二十二年春
典史	徐秉贤	江苏吴县人	监生	《缙绅全书》（大）嘉庆二十二年冬 《缙绅全书》（小）
典史	徐秉贤	江苏吴县人	监生	《缙绅全书》嘉庆二十五年夏
典史	徐秉贤	江苏吴县人	监生	《缙绅全书》《中枢备览》道光四年夏
典史	徐秉贤	江苏吴县人	监生	《缙绅全书》道光四年夏

职官	人名	籍贯	出身	出处及在职时间
典史	陈　樾	安徽石埭人	监生	《爵秩全览》道光六年秋
典史	陈　越	安徽石埭人	监生	《缙绅全书》道光七年春
典史	黄文楷	福建漳平人	监生	《缙绅全书》道光十年冬
典史	黄文楷	福建漳平人	监生	《缙绅全书》《中枢备览》道光十三年夏
典史	黄文楷	福建漳平人	监生	《缙绅全书》道光十四年春
典史	黄文楷	福建漳平人	监生	《缙绅全书》道光十四年夏
典史	孙慧勳	江苏金匮人	监生	《缙绅全书》《中枢备览》道光十六年夏
典史	孙慧勋	江苏金匮人	监生	《缙绅全书》道光十六年秋
典史	孙慧勋	江苏金匮人	监生	《缙绅全书》《中枢备览》道光十六年冬

职官	人名	籍贯	出身	出处及在职时间
典史	孙慧勳	江苏金匮人	监生	《缙绅全书》道光十七年秋
典史	孙慧勳	江苏金匮人	监生	《缙绅全书》道光十八年夏
典史	高　诚	安徽贵池人	供事	《爵秩全览》道光十九年夏
典史	高　诚	安徽贵池人	供事	《缙绅全书》道光二十年秋
典史	高　诚	安徽贵池人	供事	《缙绅全书》道光二十年冬
典史	宾尔载	江苏无锡人	监生	《缙绅全书》《中枢备览》道光二十二年春
典史	宾尔载	江苏无锡人	监生	《缙绅全书》道光二十二年冬
典史	宾尔载	江苏无锡人	监生	《缙绅全书》道光二十五年夏
典史	宾尔载	江苏无锡人	监生	《缙绅全书》道光二十五年秋

职官	人名	籍贯	出身	出处及在职时间
典史	宾尔载	江苏无锡人	监生	《爵秩全览》道光二十六年
典史	宾尔载	江苏无锡人	监生	《缙绅全书》道光二十七年夏
典史	宾尔载	江苏无锡人	监生	《缙绅全书》道光二十七年秋
典史		江苏无锡人	监生	《爵秩全览》道光二十八年夏
典史	宾雨载	江苏无锡人	监生	《缙绅全书》道光二十八年冬
典史	宾雨载	江苏无锡人	监生	《缙绅全书》道光二十九年夏
典史	宾雨载	江苏无锡人	监生	《爵秩全览》咸丰元年夏
典史	顾　塄	江苏吴县人	监生	《爵秩全览》咸丰二年冬
典史	顾　塄	江苏吴县人	监生	《缙绅全书》咸丰三年夏

职官	人名	籍贯	出身	出处及在职时间
典史	宾雨载	江苏无锡人	监生	《缙绅全书》咸丰四年春
典史	顾　塄	江苏吴县人	监生	《缙绅全书》咸丰四年
典史	顾　塄	江苏吴县人	监生	《爵秩全览》咸丰六年春
典史	顾　塄	江苏吴县人	监生	《缙绅全书》咸丰六年春
典史	顾　塄	江苏吴县人	监生	《爵秩全览》咸丰六年夏
典史	顾　塄	江苏吴县人	监生	《爵秩全览》咸丰七年秋
典史	顾　塄	江苏吴县人	监生	《爵秩全览》咸丰七年冬
典史	顾　塄	江苏吴县人	监生	《缙绅全书》咸丰八年冬
典史	顾　塄	江苏吴县人	监生	《缙绅全书》咸丰九年夏

职官	人名	籍贯	出身	出处及在职时间
典史	顾　塄	江苏吴县人	监生	《缙绅全书》咸丰十年秋
典史	顾　塄	江苏吴县人	监生	《缙绅全书》咸丰十年
典史	沈昌本	浙江萧山人	监生	《缙绅全书》同治四年夏
典史	沈昌本	浙江萧山人	监生	《缙绅全书》同治五年春
典史	沈昌本	浙江萧山人	监生	《爵秩全览》同治六年春
典史	沈昌本	浙江萧山人	监生	《缙绅全书》同治六年春
典史	沈昌本	浙江萧山人	监生	《缙绅全书》同治六年秋
典史	沈昌本	浙江萧山人	监生	《缙绅全书》同治八年春
典史	沈昌本	浙江萧山人	监生	《缙绅全书》同治八年冬

职官	人名	籍贯	出身	出处及在职时间
典史	沈昌本	浙江萧山人	监生	《爵秩全览》同治九年春
典史	沈昌本	浙江萧山人	监生	《缙绅全书》同治九年夏
典史	沈昌本	浙江萧山人	监生	《爵秩全览》同治九年秋
典史	沈昌本	浙江萧山人	监生	《缙绅全书》同治九年冬
典史	沈昌本	浙江萧山人	监生	《缙绅全书》同治十年春
典史	沈昌本	浙江萧山人	监生	《缙绅全书》同治十年夏
典史	沈昌本	浙江萧山人	监生	《缙绅全书》同治十一年夏
典史	沈昌本	浙江萧山人	监生	《缙绅全书》《中枢备览》同治十一年秋
典史	沈昌本	浙江萧山人	监生	《缙绅全书》同治十二年冬

职官	人名	籍贯	出身	出处及在职时间
典史	沈昌本	浙江萧山人	监生	《缙绅全书》同治十三年春
典史	沈昌本	浙江萧山人	监生	《爵秩全览》同治十三年夏
典史	沈昌本	浙江萧山人	监生	《缙绅全书》同治十三年秋
典史	沈昌本	浙江萧山人	监生	《缙绅全书》同治十三年冬
典史	沈昌本	浙江萧山人	监生	《爵秩全览》同治十三年冬
典史	沈昌本	浙江萧山人	监生	《缙绅全书》《中枢备览》同治十三年冬
典史	沈昌本	浙江萧山人	监生	《爵秩全览》光绪元年夏
典史	沈昌本	浙江萧山人	监生	《爵秩全览》光绪元年秋
典史	沈昌本	浙江萧山人	监生	《缙绅全书》光绪二年秋

职官	人名	籍贯	出身	出处及在职时间
典史	沈昌本	浙江萧山人	监生	《爵秩全览》光绪二年冬
典史	沈昌本	浙江萧山人	监生	《缙绅全书》《中枢备览》光绪三年夏
典史	沈昌本	浙江萧山人	监生	《缙绅全书》光绪三年秋
典史	沈昌本	浙江萧山人	监生	《爵秩全览》光绪三年冬
典史	沈昌本	浙江萧山人	监生	《缙绅全书》《中枢备览》光绪四年秋
典史	沈昌本	浙江萧山人	监生	《爵秩全览》光绪四年冬
典史	沈昌本	浙江萧山人	监生	《缙绅全书》光绪五年春
典史	沈昌本	浙江萧山人	监生	《缙绅全书》光绪五年秋
典史	沈昌本	浙江萧山人	监生	《缙绅全书》《中枢备览》光绪五年冬

职官	人名	籍贯	出身	出处及在职时间
典史	沈昌本	浙江萧山人	监生	《缙绅全书》光绪七年春
典史	沈昌本	浙江萧山人	监生	《爵秩全览》光绪七年冬
典史	沈昌本	浙江萧山人	监生	《缙绅全书》光绪七年冬
典史	沈昌本	浙江萧山人	监生	《缙绅全书》光绪八年冬
典史	沈昌本	浙江萧山人	监生	《爵秩全览》光绪十年夏
典史	沈昌本	浙江萧山人	监生	《爵秩全览》光绪十年秋
典史	沈昌本	浙江萧山人	监生	《爵秩全览》光绪十一年春
典史	沈昌本	浙江萧山人	监生	《爵秩全览》光绪十一年夏
典史	沈昌本	浙江萧山人	监生	《爵秩全览》光绪十一年秋

职官	人名	籍贯	出身	出处及在职时间
典史	沈昌本	浙江萧山人	监生	《爵秩全览》光绪十二年夏
典史	沈昌本	浙江萧山人	监生	《缙绅全书》光绪十二年秋
典史	沈昌本	浙江萧山人	监生	《爵秩全览》光绪十三年春
典史	沈昌本	浙江萧山人	监生	《缙绅全书》《中枢备览》光绪十三年夏
典史	沈昌本	浙江萧山人	监生	《缙绅全书》光绪十三年冬
典史		浙江萧山人	监生	《缙绅全书》光绪十四年夏
典史	冯　谟	浙江会稽人	监生	《爵秩全览》光绪十四年冬
典史	冯　谟	浙江会稽人	监生	《爵秩全览》光绪十五年夏
典史	冯　谟	浙江会稽人	监生	《爵秩全览》光绪十五年秋

职官	人名	籍贯	出身	出处及在职时间
典史	冯　谟	浙江会稽人	监生	《爵秩全览》光绪十五年冬
典史	冯　谟	浙江会稽人	监生	《缙绅全书》光绪十六年春
典史	冯　谟	浙江会稽人	监生	《缙绅全书》光绪十六年冬
典史	冯　谟	浙江会稽人	监生	《爵秩全览》光绪十八年春
典史	冯　谟	浙江会稽人	监生	《爵秩全览》光绪十八年秋
典史	冯　谟	浙江会稽人	监生	《爵秩全览》光绪十八年冬
典史	冯　谟	浙江会稽人	监生	《缙绅全书》光绪十九年春
典史	冯　谟	浙江会稽人	监生	《爵秩全览》光绪十九年夏
典史	冯　谟	浙江会稽人	监生	《爵秩全览》光绪十九年秋

职官	人名	籍贯	出身	出处及在职时间
典史	冯　谟	浙江会稽人	监生	《缙绅全书》光绪十九年冬
典史	冯　谟	浙江会稽人	监生	《爵秩全览》光绪十九年冬
典史	冯　谟	浙江会稽人	监生	《缙绅全书》《中枢备览》光绪二十年夏
典史	冯　谟	浙江会稽人	监生	《爵秩全览》光绪二十年秋
典史	冯　谟	浙江会稽人	监生	《爵秩全览》光绪二十一年春
典史	冯　谟	浙江会稽人	监生	《爵秩全览》光绪二十一年夏
典史	冯　谟	浙江会稽人	监生	《爵秩全览》光绪二十一年秋
典史	冯　谟	浙江会稽人	监生	《缙绅全书》光绪二十一年冬
典史	冯　谟	浙江会稽人	监生	《爵秩全览》光绪二十二年春

职官	人名	籍贯	出身	出处及在职时间
典史	冯　谟	浙江会稽人	监生	《缙绅全书》光绪二十二年春
典史	冯　谟	浙江会稽人	监生	《爵秩全览》光绪二十二年夏
典史	冯　谟	浙江会稽人	监生	《爵秩全览》光绪二十二年秋
典史	冯　谟	浙江会稽人	监生	《爵秩全览》光绪二十二年冬
典史	冯　谟	浙江会稽人	监生	《爵秩全览》光绪二十三年夏
典史	冯　谟	浙江会稽人	监生	《缙绅全书》《中枢备览》光绪二十三年秋
典史	冯　谟	浙江会稽人	监生	《爵秩全览》光绪二十三年冬
典史	冯　谟	浙江会稽人	监生	《爵秩全览》光绪二十四年春
典史	冯　谟	浙江会稽人	监生	《爵秩全览》光绪二十四年秋

职官	人名	籍贯	出身	出处及在职时间
典史	冯　谟	浙江会稽人	监生	《爵秩全览》光绪二十四年冬
典史	冯　谟	浙江会稽人	监生	《缙绅全书》光绪二十四年冬
典史	冯　谟	浙江会稽人	监生	《爵秩全览》光绪二十五年春
典史	冯　谟	浙江会稽人	监生	《缙绅全书》《中枢备览》光绪二十五年春
典史	冯　谟	浙江会稽人	监生	《爵秩全览》光绪二十五年夏
典史	冯　谟	浙江会稽人	监生	《缙绅全书》光绪二十五年夏
典史	冯　谟	浙江会稽人	监生	《爵秩全览》光绪二十五年秋
典史	冯　谟	浙江会稽人	监生	《缙绅全书》《中枢备览》光绪二十五年冬
典史	冯　谟	浙江会稽人	监生	《缙绅全书》《中枢备览》光绪二十六年春

职官	人名	籍贯	出身	出处及在职时间
典史	冯　谟	浙江会稽人	监生	《缙绅全书》光绪二十六年夏
典史	冯　谟	浙江会稽人	监生	《爵秩全览》光绪二十六年秋
典史	冯　谟	浙江会稽人	监生	《缙绅全书》光绪二十七年春
典史	冯　谟	浙江会稽人	监生	《爵秩全览》光绪二十七年冬
典史	冯　谟	浙江会稽人	监生	《缙绅全书》《中枢备览》光绪二十七年冬
典史	冯　谟	浙江会稽人	监生	《爵秩全览》光绪二十八年春
典史	冯　谟	浙江会稽人	监生	《缙绅全书》《中枢备览》光绪二十八年夏
典史	冯　谟	浙江会稽人	监生	《爵秩全览》光绪二十八年秋 《缙绅全书》《中枢备览》光绪二十八年秋
典史	冯　谟	浙江会稽人	监生	《缙绅全书》《中枢备览》光绪二十八年冬

职官	人名	籍贯	出身	出处及在职时间
典史	冯　谟	浙江会稽人	监生	《爵秩全览》光绪二十九年春
典史	冯　谟	浙江会稽人	监生	《缙绅全书》光绪二十九年夏
典史	冯　谟	浙江会稽人	监生	《爵秩全览》光绪二十九年秋
典史	冯　谟	浙江会稽人	监生	《缙绅全书》《中枢备览》光绪二十九年秋
典史	冯　谟	浙江会稽人	监生	《缙绅全书》《中枢备览》光绪二十九年冬
典史	冯　谟	浙江会稽人	监生	《缙绅全书》《中枢备览》光绪三十年春
典史	冯　谟	浙江会稽人	监生	《爵秩全览》光绪三十年夏
典史	冯　谟	浙江会稽人	监生	《缙绅全书》《中枢备览》光绪三十年夏
典史	冯　谟	浙江会稽人	监生	《缙绅全书》光绪三十年冬

职官	人名	籍贯	出身	出处及在职时间
典史	冯　谟	浙江会稽人	监生	《缙绅全书》《中枢备览》光绪三十一年春
典史	冯　谟	浙江会稽人	监生	《爵秩全览》光绪三十一年夏
典史	冯　谟	浙江会稽人	监生	《缙绅全书》《中枢备览》光绪三十一年夏
典史	冯　谟	浙江会稽人	监生	《爵秩全览》光绪三十一年秋
典史	冯　谟	浙江会稽人	监生	《爵秩全览》光绪三十一年冬
典史	冯　谟	浙江会稽人	监生	《爵秩全览》光绪三十二年春
典史	冯　谟	浙江会稽人	监生	《缙绅全书》《中枢备览》光绪三十二年春
典史	冯　谟	浙江会稽人	监生	《缙绅全书》光绪三十二年夏
典史	冯　谟	浙江会稽人	监生	《缙绅全书》光绪三十二年秋

职官	人名	籍贯	出身	出处及在职时间
典史	冯　谟	浙江会稽人	监生	《缙绅全书》光绪三十二年冬
典史	冯　谟	浙江会稽人	监生	《爵秩全览》光绪三十二年冬
典史	冯　谟	浙江会稽人	监生	《爵秩全览》光绪三十三年春
典史	冯　谟	浙江会稽人	监生	《缙绅全书》《中枢备览》光绪三十三年夏
典史	冯　谟	浙江会稽人	监生	《爵秩全览》光绪三十三年秋
典史	冯　谟	浙江会稽人	监生	《爵秩全览》光绪三十三年冬
典史	冯　谟	浙江会稽人	监生	《爵秩全览》光绪三十四年春
典史	冯　谟	浙江会稽人		《最新百官绿》光绪三十四年春
典史	冯　谟	浙江会稽人	监生	《爵秩全览》光绪三十四年夏

职官	人名	籍贯	出身	出处及在职时间
典史	冯　谟	浙江会稽人	监生	《爵秩全览》光绪三十四年秋
典史	冯　谟	浙江会稽人	监生	《爵秩全览》光绪三十四年冬
典史	冯　谟	浙江会稽人	监生	《爵秩全览》宣统元年春
典史	冯　谟	浙江会稽人	监生	《爵秩全览》宣统元年夏
典史	冯　谟	浙江会稽人	监生	《爵秩全览》宣统元年秋
典史	冯　谟	浙江会稽人	监生	《爵秩全览》宣统元年冬
典史	冯　谟	浙江会稽人	监生	《缙绅全书》宣统元年冬
典史	冯　谟	浙江会稽人	监生	《爵秩全览》宣统二年春
典史	冯　谟	浙江会稽人	监生	《爵秩全览》宣统二年夏

职官	人名	籍贯	出身	出处及在职时间
典史	冯　谟	浙江会稽人	监生	《爵秩全览》宣统二年秋
典史	冯　谟	浙江会稽人	监生	《爵秩全览》宣统二年冬
典史	冯　谟	浙江会稽人	监生	《爵秩全览》宣统三年春